G 3.

GR® 34

GR® 34H

GR® 34I

GR® 38

GR® 38A

La côte de Cornouaille
De la pointe du Raz
aux Montagnes Noires

www.ffrandonnee.fr
association reconnue d'utilité publique
14, rue Riquet
75019 PARIS

Phare de la Vieille

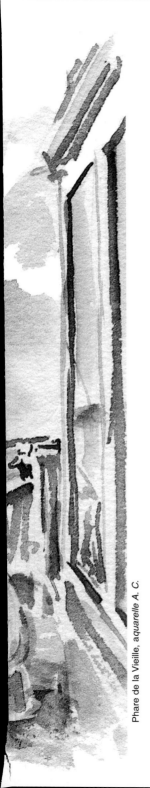

Phare de la Vieille, aquarelle A. C.

Sommaire

Les informations pratiques

Un bref aperçu de la région

Les itinéraires

A la découverte de la région

Comment utiliser le topo-guide

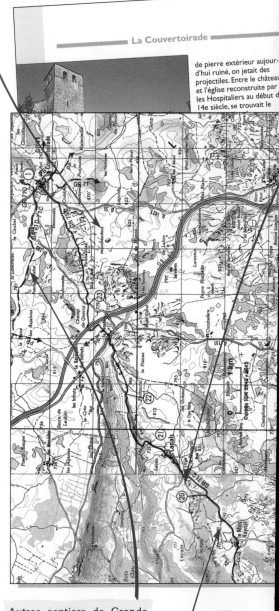

de pierre extérieur aujour-
d'hui ruiné, on jetait des
projectiles. Entre le château
et l'église reconstruite par
les Hospitaliers au début d
14e siècle, se trouvait le

Pour comprendre la carte IGN

Courbes de niveau

Altitude .... • 974

Les courbes de niveau
Chaque courbe est une
ligne (figurée en orange)
qui joint tous les points
d'une même altitude. Plus
les courbes sont serrées
sur la carte, plus le terrain
est pentu. A l'inverse, des
courbes espacées indi-
quent une pente douce.

Route
Chemin
Sentier
Voie ferrée, gare
Ligne à haute tension
Cours d'eau
Nappe d'eau permanente
Source, fontaine
Pont
Eglise
Chapelle, oratoire
Calvaire
Cimetière
Château
Fort
Ruines
Dolmen, menhir
Point de vue

D'après la légende de la carte IGN au 1 : 50 000.

Les sentiers de Grande
Randonnée® décrits dans ce
topo-guide sont **tracés en
rouge** sur la carte IGN au
1 : 50 000 (**1 cm = 500 m**).

Le nord est situé en haut de la
carte, ou à gauche lorsque celle-
ci est basculée à l'horizontale
(comme 'exemple ci-contre).

Autres sentiers de Grande
Randonnée® dans la région.

Sentier décrit.

des Sentiers de Grande Randonnée ?

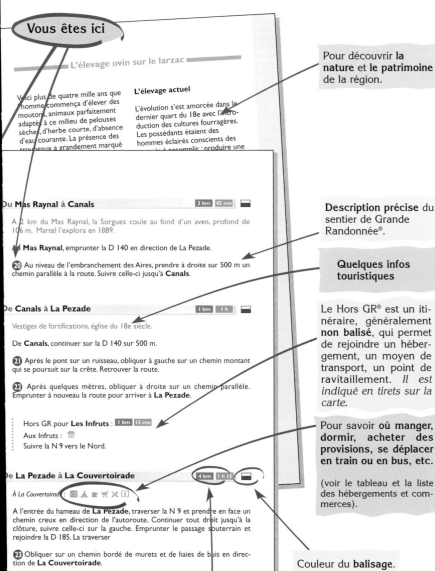

Vous êtes ici

L'élevage ovin sur le larzac

Voici plus de quatre mille ans que l'homme commença d'élever des moutons, animaux parfaitement adaptés à ce milieu de pelouses sèches, d'herbe courte, d'absence d'eau courante. La présence des troupeaux a grandement marqué

L'élevage actuel

L'évolution s'est amorcée dans le dernier quart du 18e avec l'introduction des cultures fourragères. Les possédants étaient des hommes éclairés conscients des

Pour découvrir **la nature** et **le patrimoine** de la région.

Du Mas Raynal à Canals   3 km 45 mn

A 2 km du Mas Raynal, la Sorgues coule au fond d'un aven, profond de 106 m. Martel l'explora en 1889.

Au **Mas Raynal**, emprunter la D 140 en direction de La Pezade.

20 Au niveau de l'embranchement des Aires, prendre à droite sur 500 m un chemin parallèle à la route. Suivre celle-ci jusqu'à **Canals**.

Description précise du sentier de Grande Randonnée®.

Quelques infos touristiques

De Canals à La Pezade   I km I h

Vestiges de fortifications, église du 18e siècle.

De **Canals**, continuer sur la D 140 sur 500 m.

21 Après le pont sur un ruisseau, obliquer à gauche sur un chemin montant qui se poursuit sur la crête. Retrouver la route.

22 Après quelques mètres, obliquer à droite sur un chemin parallèle. Emprunter à nouveau la route pour arriver à **La Pezade**.

Hors GR pour **Les Infruts** : I km I5 mn
Aux Infruts :
Suivre la N 9 vers le Nord.

Le Hors GR® est un itinéraire, généralement **non balisé**, qui permet de rejoindre un hébergement, un moyen de transport, un point de ravitaillement. *Il est indiqué en tirets sur la carte.*

De La Pezade à La Couvertoirade   4 km I h I5

À La Couvertoirade :

A l'entrée du hameau de **La Pezade**, traverser la N 9 et prendre en face un chemin creux en direction de l'autoroute. Continuer tout droit jusqu'à la clôture, suivre celle-ci sur la gauche. Emprunter le passage souterrain et rejoindre la D 185. La traverser

23 Obliquer sur un chemin bordé de murets et de haies de buis en direction de **La Couvertoirade**.

Pour savoir **où manger, dormir, acheter des provisions, se déplacer** en train ou en bus, etc.

(voir le tableau et la liste des hébergements et commerces).

Couleur du **balisage**.

Le temps de marche pour aller de **La Pezade** à **La Couvertoirade** est de 1 heure et 15 minutes pour une distance de 4 km.

45

5

Informations pratiques

Quelques idées de randonnées

■ Les itinéraires décrits

Le topo-guide® décrit les sentiers de Grande Randonnée® suivants :
- le GR® 34, de Douarnenez à Lorient (363 km).
- le GR® 34E du pont de Saint-Maurice au pont Neuf Plouay (44 km).
- le GR® 34G de Porz Poulhan à Douarnenez (28 km).

- le GR® 34H du pont de Cornouaille (Combrit) à la pointe de la Torche (29 km).
- le GR® 34I de Quimperlé à Kerfany-les-Pins (Moëlan-sur-Mer) (43 km).
- le GR® 38 du pont Neuf Plouay à Douarnenez (170 km).
- le GR® 38A de Quimper au Moulin Mer Combrit (21 km).

■ Quelques suggestions

Le tour du Pays Bigouden Sud (GR® 34 et GR® 34H).
Premier jour : de Pont-l'Abbé à Saint-Guénolé, 19 km.
Deuxième jour : de Saint-Guénolé à Lesconil, 17 km.
Troisième jour : de Lesconil à Pont-l'Abbé, 17 km.
Possibilité d'effectuer 2 étapes supplémentaires.
Quatrième jour : de Pont-l'Abbé à Sainte-Marine, par Loctudy et passeur pour l'Ile Tudy (du 01/03 au 30/09 et vacances scolaires), 17 km.
Cinquième jour : de Sainte-Marine à Pont-l'Abbé, 18 km.
Voir pp. 143-147, 51-59.

Tour de Basse Cornouaille (GR® 34I et GR® 34).

Premier jour : de Quimperlé à Croaz ar Gall, 19 km.
Deuxième jour : de Croaz ar Gall à Blorimond, 24 km.
Troisième jour : de Blorimond à Croaz ar Gall, 25 km.
Quatrième jour : de Croaz ar Gall au Pouldu, 13 km.

Cinquième jour : du Pouldu à Quimperlé 22 km.
Voir pp. 149-151, 81-83, 93.

Le tour de la Pointe du Raz et du Cap Sizun (GR® 34 et GR® 34G).

Premier jour : de Douarnenez à Beuzec-Cap-Sizun, 25 km.
Deuxième jour : de Beuzec-Cap-Sizun à Penharn (Cléden-Cap-Sizun), 17 km.
Troisième jour : de Penharn à la baie des Trépassés, 13 km.
Quatrième jour : de la baie des Trépassés à Audierne, 25 km.
Cinquième jour : d'Audierne à Mahalon, 19 km.
Sixième jour : de Mahalon à Douarnenez, 19 km.

Possibilité de faire uniquement le tour de la pointe du Raz, d'Audierne à Audierne en quatre jours. Premier jour d'Audierne à Beuzec-Cap-Sizun par un PR® passant à Pont-Croix, la suite est commune.
Voir pp. 35-39, 137-139.

Le balisage des itinéraires

Les sentiers GR® 34, GR® 34E, GR® 34G, GR® 34H, GR® 34I, GR® 38 et GR® 38A

sont balisés en blanc et rouge.
Voir illustration ci-contre.

SUIVEZ LE BALISAGE
POUR RESTER SUR LE BON CHEMIN.

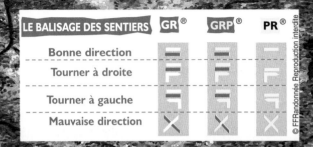

LE BALISAGE DES SENTIERS	GR®	GRP®	PR®
Bonne direction			
Tourner à droite			
Tourner à gauche			
Mauvaise direction			

La randonnée : une passion *Fédération*

2900 associations affiliées sur toute la France organisent des randos accompagnées, pour tous les niveaux, sur une journée ou en itinérance. Rejoignez-les !

Créatrice des mythiques GR®, la Fédération participe à la promotion de la randonnée et défend l'environnement en entretenant les 180 000 km de sentiers balisés.

FFRandonnée
www.ffrandonnee.fr

La Fédération organise des stages de formations adaptés à vos besoins : du brevet d'animateur de randonnée ou de baliseur à l'apprentissage de la lecture de carte et de l'orientation.

La Fédération propose à tous, une assurance et divers avantages pour randonner en toute sérénité, en groupe ou individuellement, avec la licence ou la Randocarte®.

Pour connaître l'adresse du Comité de votre département, pour tout savoir sur l'actualité de la randonnée et découvrir la collection des topo-guides® :

www.ffrandonnee.fr

Centre d'Information de la Fédération Française de la Randonnée Pédestre
14, rue Riquet 75019 Paris - Tél : 01 44 89 93 93
Ouvert du lundi au samedi de 10h à 18h.

Avant de partir...

■ Période conseillée, météo

Les itinéraires décrits dans ce topo-guide peuvent être parcourus en toutes saisons.
Se rappeler qu'en hiver et au printemps certains chemins bretons sont parfois humides.
Avant de partir, prendre toujours connaissance des prévisions météorologiques.

Info-météo, tél. 32 50
Finistère, Guipavas, tél. 08 92 68 02 29.

■ Difficultés

Le GR®34 utilise le plus souvent la servitude de passage des piétons le long du littoral instaurée par la loi du 31 décembre 1976. La randonnée s'effectue sur sentier naturel longeant la côte et épousant sa topographie. Les dénivelés sont, en général, peu importants.

■ Recommandations

Certains passages empruntent des lisières de champs et des propriétés privées.
Du respect de ces recommandations dépendra le maintien de l'itinéraire. Refermer les barrières, ne pas couper les fils de clôture servant à conduire les troupeaux.
Attention au feu surtout dans les landes, les forêts et les plantations.
Sur le sentier côtier, rester sur l'itinéraire balisé, les dangers peuvent survenir par les affaissements de la falaise qui ne sont pas toujours visibles.
Il est utile de connaître les heures des marées. Il serait dangereux de s'aventurer à marée montante sur certains rochers ou des criques sans issue. Renseignements dans les Offices de Tourisme ou dans la presse locale.

■ Les temps de marche

Les temps de marche indiqués dans le topo-guide sont indicatifs. Ils sont calculés sur une marche effective continue d'un randonneur moyen sur la base de 4 km à l'heure.
Il n'est pas tenu compte des pauses et des arrêts.
Chacun adaptera son rythme de marche selon sa forme physique, le temps, le poids du sac... et la richesse paysagère ou architecturale des lieux traversés.

Se rendre et se déplacer dans la région

■ Aéroport le plus proche
- Quimper-Pluguffan, tél. 02 98 94 30 30.

■ SNCF
Gares de (TGV), Quimper, Rosporden, Quimperlé, Lorient,
Renseignements : tél. 36 35.

■ Cars
• Autocars Réseau Penn-Ar-Bed.
Renseignements : Gare routière
29000 Quimper, tél. 02 98 90 88 89.

• Cars CAT (SNCF) (ligne Quimper, Douarnenez) direct.

• Cars CAT (ligne Quimper, Douarnenez, Pointe du Raz) : arrêts à Douarnenez, Poullan-sur-Mer, Confort, Pont-Croix, Audierne, Plogoff.

• Cars CAT (Quimper, Audierne, Pointe du Raz) : arrêts à Plozévet, Plouhinec Audierne, Esquibien, Primelin, Plogoff.

• Cars Castric -Le Coeur (ligne Quimper Saint Guénolé) : arrêts à Combrit, Pont l'Abbé, Le Guilvinec, Penmarc'h.

• Cars C.A.T. (ligne Quimper Fouesnant Beg Meil) : arrêt à Fouesnant.

• Cars Le Coeur, (ligne Quimper Penhors) : arrêt à Pouldreuzic.

• Cars Le Coeur (ligne Quimper Lesconil) : arrêts à Pont l'Abbé, Loctudy, Larvor.

• Cars Caoudal, (ligne Quimperlé Fouesnant) : Arrêts à Pont Aven, Trégunc, Concarneau, la Forêt-Fouesnant.

• Cars Caouadal, (ligne Quimper Concarneau Quimperlé) : arrêts à la Forêt-Fouesnant, Concarneau, Trégunc, Pont Aven, Riec-sur-Belon, Moëlan sur Mer.

• Cars QUB ligne 32 (Quimper Bénodet).

Pour les autres lignes lignes se renseigner après du Comité départemental du tourisme.

Hébergements, restauration, commerces et services

■ Liste des hébergements

Nous avons établi une liste exhaustive d'hôtels de 1* et 2**. Pour connaître les autres possibilités : Comité départemental du tourisme du Finistère, 11, rue Th. Le Hars, BP 1419, 29104 Quimper cedex tél. 02 98 76 20 70

Pour faciliter la lecture, les hébergements sont cités dans le sens du parcours.

Sur le GR® 34
• Douarnenez (29100)
- Gîte d'étape *Plomarc'h Tosta*, 25 places, tél. 02 98 92 75 41.
- 15 hôtels, plusieurs chambres d'hôte.
S'adresser à l'Office de tourisme,
tél. 02 98 92 13 35,
www.douarnenez-tourisme.com.

• Beuzec-Cap-Sizun (29790) (hors GR®)
- Chambre d'hôte, 3 ch, Mme Stéphan Bicêtre, tél. 02 98 70 43 48.
- Chambre d'hôte, 4 ch, 3 épis, Christine Jadé, Cosquer, tél. 02 98 70 50 99.
- Gîte d'étape communal, 45 pl, Mairie, tél. 02 98 70 40 79.

• Cléden-Cap-Sizun (29770) (hors GR®)
- Chambre d'hôte, 3 ch, Mme Conan, Roz Vein, tél. 02 98 70 31 32.

- Chambre d'hôte, 3 ch, Mme Pennamen, Kerlan, tél. 02 98 70 30 63.

• Baie des Trépassés (29770)
- Hôtel *Relais de la Pointe du Van**, 25 ch, tél. 02 98 70 62 79.
- Hôtel *la Baie des Trépassés*, 27 ch, tél. 02 98 70 61 34.

• Plogoff (29770) (hors GR®)
- Chambre d'hôte, 5 ch, 3 épis, J. P. Ganne, Kerhuret, tél. 02 98 70 34 85.
- Chambre d'hôte, 6 ch, 3 épis, A. et J. Le Bars, Kerguidy Izella, tél. 02 98 70 35 60.
- Chambre d'hôte, 3 ch, 3 épis, René Le Corre, Lescoff, tél. 02 98 70 38 24.

• Le Loc'h (29770) Plogoff
- Hôtel *Au Kermoor**, 16 ch, le Loc'h tél. 02 98 70 62 06.

• Sainte-Evette (29770) Esquibien
- Hôtel *le Cabestan**, 17 ch,
2 rue Laënnec, tél. 02 98 70 08 82.

• Audierne (29770)
- Hôtel *Horizon**, 50 ch, 40 rue J.J. Rousseau, tél. 02 98 70 01 49.
- Hôtel *Au Roi Gradlon**, 3 av. Manu Brusq, tél. 02 98 70 04 51.
- Hôtel *le Cornouaille**, 8 ch, 6 pl. de la Liberté, tél. 02 98 70 09 13.

- Hôtel *de la Plage,* 21 av. Manu Brusq, tél. 02 98 70 01 07.

• Locquéran (29780) Plouhinec (hors GR) -Gîte d'étape *"Rando Plume"* de Locquéran, tél. 02 98 74 95 06.

• Plouhinec (29780) (hors GR®)
- Hôtel *Ty Frapp***, 16 ch, 32 rue Rozavot tél. 02 98 70 89 90.
- Chambre d'hôte, 5 ch, 2 épis, Y. et J. Cogan, 1 quai Jean Jadé, tél. 02 98 70 77 35.

• Plozévet (29710) (hors GR®)
- Chambre d'hôte, 4 ch, Evelyne Bourdic Lesneut, tél. 02 98 54 34 33.
- Chambre d'hôte, 3 ch, Claudine Trépos, Kerongard Divisquin, tél. 02 98 54 31 09.

• Penhors (29710) Plozévet
- Hôtel *Breiz ar Mor,* tél. 02 98 54 35 44.

• Pointe de la Torche (29120) Plomeur
- Gîte d'étape de Kerdrafic, 8 places tél. 06 64 67 05 28.

• Saint-Guénolé (29760) Penmarc'h
- Hôtel *de la Mer,* tél. 02 98 58 62 22.

• Penmarc'h (29710) (hors GR®)
- Hôtel *les Ondines***, tél 02 98 58 74 95.
- Hôtel *Héol***, tél. 02 98 58 74 95.
- Hôtel *Le Sterenn,* tél. 02 98 58 60 36.
- Chambre d'hôte, 2 ch, Mme Cariou, 180 rue du 8 Mai 45, tél. 02 98 58 61 55.

• Le Guilvinec (29730)
- Hôtel *du Centre***, tél. 02 98 58 31 05.

• Léchiagat (29730)
- Hôtel *Minotel***, tél. 02 98 58 29 89.

• Lesconil (29740) Plobannalec
- Hôtel *Atlantique***, tél. 02 98 87 01 86.
- Hôtel *du Por*t, tél. 02 98 58 10 10.
- Hôtel *de la Plage***, tél. 02 98 87 80 05.
- Chambre d'hôte, 2 ch, Mme Le Coz,

4 rue du Temple, tél. 02 98 87 82 67.
- Chambre d'hôte, 1 ch, Mme Le Calvez Kreis ar Lann, tél. 02 98 87 83 66.

• Loctudy (29750)
- Hôtel *Tudy***, tél. 02 98 87 42 99
- Hôtel *de Bretagne***, tél. 02 98 87 40 2.

• Pont L'Abbé (29120)
- Hôtel *de Bretagne***, 18 ch, 24 place République, tél. 02 98 87 17 22.
- Hôtel *de La Tour D'Auvergne***, 22 place Gambetta, tél. 02 98 87 00 47.
- Hôtel *des Voyageurs***, 6 quai Saint-Laurent, tél. 02 98 87 00 37.
- Chambre d'hôte, 2 ch, M. Weber, Kernel Bihan, tél. 02 98 87 06 96.

• Ile Tudy (29980)
- Hôtel *Modern*, tél. 02 98 56 43 34.

• Sainte-Marine (29120) Combrit
- Hôtel *Sainte-Marine***, 19 rue du Bac, tél. 02 98 56 34 79.

• Bénodet (29550)
- Plusieurs hôtels et chambres d'hôte. S'adresser à l'Office de tourisme, tél. 02 98 57 00 14, www.benodet.fr.

• Mousterlin, Beg Meil, Cap Coz, Fouesnant (29170).
- Plusieurs hôtels et chambres d'hôte. S'adresser à l'Office de tourisme, tél. 02 98 56 00 70, www.ot-fouesnant.fr.

• La Forêt-Fouesnant (29170)
- Plusieurs hôtels et chambres d'hôte. S'adresser à l'Office de tourisme, tél. 02 98 51 42 07.

• Concarneau (29120)
Plusieurs hôtels. S'adresser à l'Office de tourisme, tél. 02 98 97 01 44, www.tourismeconcarneau.fr.

- Chambre d'hôte, 1 ch, Mme Madec, 18 Allée des Chaperons, tél. 02 98 97 08 40.

- Chambre d'hôte, 2 ch, Mme Veillard, 7 bd. Bougainville, tél. 02 98 97 12 15.

• Trégunc (29910) (hors GR®)
- Chambre d'hôte, 1 ch, Mme Madec, 18 Allée des Chaperons, tél. 02 98 97 08 40.
- Chambre d'hôte, 2 ch, Mme Veillard, 7 bd. Bougainville, tél. 02 98 97 12 15.
- Hôtel *les Tilleuls*, 10 ch, Saint-Philibert, tél. 02 98 50 01 06.
- Chambre d'hôte, 4 ch, Mme L'Haridon, Kersidan, tél. 02 98 06 77 10.

• Névez, Raguénes, Port Manec'h, (29920) Névez
- Plusieurs hôtels et chambres hôte. S'adresser à l'Office de tourisme, tél. 02 98 06 87 90, www.nevez.fr.

• Pont-Aven (29930)
- Chambre d'hôte, 4 ch, Mme Publier, Kerdruc, tél. 02 98 06 62 60.
- Hôtel *les Mimosas***, 22 square Théodore Botrel, tél. 02 98 06 00 30.
- Hôtel *les Ajoncs d'Or***, 1 pl de l'Hôtel de Ville, tél. 02 98 06 02 06.
- Hôtel *Roz Aven*, 11 q. Th Botrel, tél 02 98 06 13 06.
- Hôtel *les Tilleuls*, 10 ch, Saint-Philibert, tél. 02 98 50 01 06.
- Chambre d'hôte, 4 ch, Mme L'Haridon, Kersidan, tél. 02 98 06 77 10.

• Riec-sur Belon (29930)
- Gîte d'étape"Rando Gîte", Moulin du Nézet, 8 pl, tél. 02 98 06 55 10

• Moëlan-sur-Mer, (29350) Brigneau, Merrien.
- Plusieurs hôtels et chambres hôte. S'adresser à l'Office de tourisme, tél. 02 98 39 67 28, www.moelan-sur-mer.fr

• Clohars-Carnoët (29360)
- Chambre d'hôte, 4 ch, Cl. Berlot, Croas ar Gall, Doëlan tél. 02 98 71 66 16.
- Hôtel *le Panoramique***, 26 ch, Kerrou

tél. 02 98 39 93 49.
- Hôtel *le Pouldu***, 24 ch, Le Pouldu, tél. 02 98 39 90 66.

• Le Bas-Pouldu (56520) Guidel
- Chambre d'hôte, 2 ch, Mme Coursan, Scubidan, tél. 02 97 32 84 69.

• Lomener (56270) Ploemeur
- Hôtel, plusieurs chambres d'hôte. S'adresser à l'Office de tourisme, tél. 02 97 86 40 40.

• Larmor-Plage (56270)
- Hôtel, plusieurs chambres d'hôte. S'adresser à Office de tourisme, tél. 02 97 84 26 63.

• Lorient (56100)
- Plusieurs hôtels et chambres d'hôte. S'adresser à l' Office de tourisme, tél. 02 97 21 07 84
- Auberge de Jeunesse, 78 pl, tél. 02 97 37 11 65.

Sur le GR® 34 E
• Quimperlé (29300)
- 4 hôtels, 6 chambres d'hôte. S'adresser à l'Office de tourisme, tél. 02 98 96 04 32 www.quimperletourisme.com.

• Arzano (29300) (hors GR®)
- Centre de Loisirs (CIAL) pour groupes tél. 02 98 71 77 37.

Sur le GR® 34 G
• Mahalon (29790)
- Chambre d'hôte, 2 ch, Pierre Vigouroux Kerzall, tél. 02 98 70 41 36.
- Chambre d'hôte, 2 ch, J. Olier Kerantum, tél. 02 98 74 51 93.
- Chambre d'hôte, 2 ch, B. Le Gal Lohontec, tél. 02 98 74 56 78.
- Chambre d'hôte, 2 ch, R. Hénaff Kervaden, tél. 02 98 74 51 87.

• Poullan-sur-Mer (29100)
- Chambre d'hôte, 3 ch, Mme Nedjar,

Manoir de Kerdanet, tél. 02 98 74 59 03.

Sur le GR® 34 H
• Combrit (29120)
- Chambre d'hôte, 1 ch, Mme Percelay,
4 rue du 8 mai 45, tél. 02 98 51 92 69.
- Chambre d'hôte, 2 ch, Mme Bideau
4 imp. de Beveren, tél. 02 98 56 47 45.
- Chambres d'hôte, 1 ch, Mme Le Bolzer,
Kerlec, tél. 02 98 51 31 90.

Sur le GR® 34 I
• Quimperlé (29300)
- 4 hôtels, 6 chambres d'hôte. S'adresser à
l'Office de tourisme, tél. 02 98 96 04 32.

• Doëlan (29360) Clohars-Carnoët,
- Chambre d'hôte, 3 ch, Mme Lymes
Kerguilan, tél. 02 98 39 92 61.
- Chambre d'hôte, la Claudinière, 4 ch,
Croaz ar Gall, tél. 02 98 71 66 16 ou
06 15 90 50 33.

• Moëlan-sur-Mer (29350) (hors GR®)
- Chambre d'hôte, 1 ch, Mme Nivaigne,
Kerglouanou, tél. 02 98 71 09 64
- Hôtel *le Kerfany***, Blorimond,
tél. 02 98 71 00 46.

Sur le GR® 38
• Plouay (hors GR®)
-Gîte d'étape Domaine de Menehouarne,
(37 pl), tél. 02 97 33 15 15

• Le Faouët (56320) (hors GR®)
- Hôtel *la Croix d'Or***, 10 ch,
tél. 02 97 23 07 33 ou 02 97 23 10 27.
- Hôtel *Blomen,* 10 ch, tél. 02 97 23 09 89.
- Hôtel *le Commerce,* 6 ch, 5 rue Croix
Blanche, tél. 02 97 23 10 46.
- Gîte d'étape "Rando Plume", la Marion,
(16 pl), Kercadoret, tél. 02 97 23 08 05.
• Le Saint(56110)
- Gîte d'étape Communal, presbytère,
(16 pl), tél. 02 97 34 71 49 (mairie)

• Gourin (56110)
- Gîte d'étape Domaine de Tronjoly,
(12 pl), tél. 02 97 23 62 39.
- Hôtel *la Chaumière,* 10 ch,
tél. 02 97 23 43 02.

• Spézet (29540) (hors GR®)
- Hôtel *des Bruyères,* tél. 02 98 93 80 19.
- Hôtel *de l'Argoat,* tél. 02 98 93 80 23.
- Chambre d'hôte, 2 ch, Mme Lollier A.
Pendreign, tél. 02 98 93 80 32.

• Châteauneuf du Faou (29520)
- Hôtel *le Concorde,* tél. 02 98 81 74 62.
- Hôtel *Gai Logis,* tél. 02 98 81 74 37.
- *Relais de Cornouaille,* tél. 02 98 81 81 32.
- Centre de vacances Pen ar Pont
tél. 02 98 81 81 25.

• Edern (29510) (hors GR®)
- Chambre d'hôte, 2 ch, Mme Chaussec
Kergadiou, tél.02 98 57 90 50

• Lestonan, Ergué-Gabéric (29500)
- Hôtel *à l'Orée du Bois*
tél. 02 98 59 53 81.

• Quimper (29000)
- Auberge de Jeunesse, 6, avenue des
Oiseaux, 54 places, tél. 02 98 64 97 97
(ouvert d'avril à octobre).
- Hôtels et chambres d'hôte, s'adresser à
l'Office de tourisme, tél. 02 98 53 04 05,
www.quimper-tourisme.com

• Locronan (29180)
- Hôtel *le Prieuré***, 14 ch,
tél. 02 98 91 70 89.
- Chambre d'hôte, 5 ch, M. Jain, Rodou
Glas, tél. 02 98 73 52 41.

• Le Juch (29100)
- Chambre d'hôte, 3 ch, A.M. Youinou,
le Carbon, tél. 02 98 92 21 08.

Hôtel	Gîte d'étape	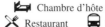 Chambre d'hôte	⛏ Camping	☕ Cafés
🛒 Ravitaillement	✕ Restaurant	🚍 Car	🚂 Gare	

km	LOCALITÉS	Pages	⌗	⌂	🛏	⛺	🛒	🍴	☕	🚌	🚊
	DOUARNENEZ　　*GR 34*	23	•	•	•		•	•	•	•	
3	TRÉBOUL	23	•		•	•	•	•	•	•	
19	▶BEUZEC- (hors GR à 1,5 km)	27		•	•		•	•	•	•	
18	▶CLEDEN (hors GR à 3 km)	31			•	•	•	•	•	•	
8,5	BAIE DES TRÉPASSÉS	35	•				•		•	•	
3	POINTE DU RAZ	35						•	•	•	•
5,5	▶PLOGOFF (hors GR à 1 km)	35			•		•		•	•	•
4,5	LE LOCH	35	•				•		•	•	•
9	SAINTE-EVETTE (ESQUIBIEN)	39	•				•		•	•	•
3	AUDIERNE	39	•			•			•	•	•
1	▶LOCQUÉRAN (hors GR à 500 m)	43	•	•		•					
5	PLOUHINEC (hors GR à 2 km)	43	•		•		•	•	•	•	
3,5	PORZ POULHAN	43				•	•	•	•		
6	▶PLOZEVET (hors GR à 3 km)	43	•		•		•	•	•	•	
1	PENHORS	43	•			•	•	•	•	•	
6	PLOVAN	45			•		•		•	•	
20	POINTE DE LA TORCHE	49			•	•	•	•	•	•	
5	SAINT-GUÉNOLÉ (PENMARC'H)	51	•			•	•	•	•	•	
3,5	SAINT-PIERRE (PENMARC'H)	51	•		•		•	•	•	•	
2	KERITY (PENMARC'H)	51				•	•	•	•		
	▶PENMARCH (hors GR à 1,5 km)	51	•			•	•	•	•	•	
6	LE GUILVINEC	51	•			•	•	•	•	•	
1	LECHIAGAT	53	•			•	•	•	•	•	
5	LESCONIL	53	•		•	•	•	•	•	•	
10	LOCTUDY	53	•			•	•	•	•	•	
7	PONT-L'ABBÉ	57	•		•	•	•	•	•	•	
12	ILE TUDY	57	•			•	•	•	•	•	
6	SAINTE-MARINE	59	•		•	•	•	•	•	•	
5	BENODET	61	•		•	•	•	•	•	•	
11.5	MOUSTERLIN	61	•			•	•	•	•	•	
5	BEG MEIL	63	•			•	•	•	•	•	
4	CAP COZ	63	•			•		•	•		
1	▶FOUESNANT (hors GR à 1,5 km)	63	•	•		•	•	•	•	•	
2	▶LA FORET-FT (hors GR à 500 m)	63	•		•	•	•	•	•	•	
1	PORT LA FORÊT	67				•	•	•	•		
12	CONCARNEAU	67	•			•	•	•	•	•	
5	LE CABELLOU	67				•		•	•		
17	POINTE DE TREVIGNON	71	•			•		•	•		
5	RAGUÉNEZ	73	•		•	•		•	•		
3	ROSPICO	73				•		•	•		
3	PORT-MANEC'H	73	•		•		•	•	•		
5,5	KERDRUC	73						•	•		
5	PONT-AVEN	77	•		•	•	•	•	•	•	
11	BELON (RIVE DROITE)	77				•	•	•	•		
3	▶RIEC-/BELON (hors GR à 1,8 km)	79	•	•	•	•	•	•	•	•	
14,5	KERFANY-LES-PINS	81			•		•	•			

km	LOCALITÉS / RESSOURCES	Pages	🏠	🏡	🛏	⛺	🛒	🍴	☕	🚌	🚆
9	▶ BLORIMOND (hors GR à 1,5 km)	81	•					•	•		
10	BRIGNEAU	81			•			•	•		
10	MERRIEN	81			•			•	•		
8	DOËLAN (RIVE GAUCHE)	83						•	•		
7	LE POULDU	83	•			•	•	•	•	•	
17	LE FORT BLOQUÉ	85	•		•	•	•	•	•		
11,	LOMENER	87	•		•	•	•	•	•		
9	LORIENT	89	•		•	•	•	•	•	•	•
	QUIMPERLÉ *GR 34E*	93	•		•	•	•	•	•	•	•
12	TY NADAN	97				•					
	▶ARZANO (hors GR à 2 km)	97		•		•		•	•	•	
9,5	GUILLIGOMARC'H	99				•		•	•		
6	▶ PLOUAY (hors GR à 4 km) *GR 38*	101		•	•	•		•	•		
12	▶BERNÉ (hors GR à 1 km)	101				•		•	•		
20	▶LE FAOUËT (hors GR à 1 km)	103	•	•		•		•	•		
16	LE SAINT	105				•		•	•		
9	GOURIN	109	•			•		•	•		
1	TRONJOLY	109		•				•	•		
17	▶SPÉZET (hors GR à 2 km)	111	•		•			•	•		
5	▶SAINT-GOAZEC (hors GR à 1 km)	115				•		•	•		
5	CHÂTEAUNEUF-DU-FAOU	115	•			•		•	•		
11	▶LAZ (hors GR à 1 km)	117							•		
24	▶KERGADIOU (hors GR à 3,5 km)	117			•						
16,5	LESTONAN	123	•					•	•		
10	QUIMPER	123	•		•	•	•	•	•	•	•
20	SAINT-ALBIN	129						•	•		
11	LOCRONAN	131	•		•	•	•	•	•		
15	DOUARNENEZ	135	•	•	•	•	•	•	•		
	PORZ-POULHAN *GR 34G*	137						•	•		
10	MAHALON	137			•	•	•	•	•		
1,5	MEILARS	137							•		
1	CONFORT	137					•	•	•		
5	POULLAN-SUR-MER (KERDANET)	139			•						
11	DOUARNENEZ	139	•	•	•	•	•	•	•	•	
	COMBRIT *GR 34H*	143			•	•	•	•	•		
12	PONT-L'ABBÉ	143	•		•	•	•	•	•		
6	▶ST-JEAN-T (hors GR à 1 km))	147				•	•	•	•		
3	▶PLOMEUR (hors GR à 1 km)	147	•		•	•	•	•	•		
5	LA TORCHE	147			•	•	•	•	•		
	QUIMPERLÉ *GR 34I*	149	•		•	•	•	•	•	•	•
10	▶CLOHARS-C. (hors GR à 1,4 km)	149			•	•	•	•	•		
9	CROAZ AR GALL	149			•			•			
3	DOËLAN RIVE GAUCHE	151						•	•		
18	KERGROËS	153					•				
2	BLORIMOND	153	•					•	•		
3	KERFANY-LES-PINS	153				•		•	•		

S'equiper et s'alimenter pendant la randonnee

■ S'equiper pour une randonnee

Pour partir à pied plusieurs jours dans la nature, mieux vaut emporter un minimum d'équipement :
- des vêtements de randonnée adaptés à tous les temps, des chaussures de marche, un sac à dos, un sac et un drap de couchage.
- des accessoires indispensables (gourde, couteau, pharmacie, lampe de poche, boussole, chapeau, bonnet, gants, lunettes de soleil et crème solaire, papier toilette et couverture de survie).

■ S'alimenter pendant la randonnee

Pensez à vous munir d'aliments énergétiques (barres de céréales, fruits secs...). Pensez aussi à boire abondamment, mais attention à ne pas prendre n'importe quelle eau en milieu naturel. Munissez-vous dans ce cas de pastilles purificatrices.

Realisation

Ce topo-guide a été réalisé par le Comité départemental de la randonnée pédestre du Finistère sous la direction de Raymond Chevalier, Joël Grall, Armand Le Bloas et Jean Penn.

Le choix des itinéraires a été effectué par les associations : *les Trotte Sentiers* de Morlaix sous la direction de Anne-Marie et Jean Pen ; *War Maez* Louis Daniel ; *Galoupérien* de Quimperlé, Jean Yves Toullec. Pour le GR® 38 : *Ar Gaouen Glas Pen Kazh*, de Spézet, Ronan Broustal et *Sentiers du Stangala* de Quimper, Jean Rolland.

La rédaction du descriptif a été réalisé par Anne-Marie et Jean Penn, Louis Daniel, Jean-Yves Toullec et Armand Le Bloas.

Le balisage a été réalisé par les baliseurs bénévoles des associations de : *Cap Accueil*, *War Maez*, *Marcheurs de Cornouaille*, *Quimper Rando*, *Galoupérien*, *Sentiers du Stangala*, *Ar Gaouen Pen Kazh*. Les bénévoles indivi-duels, Jakez Louer, de Névez, Gilles Bourhis (garde des espaces naturels), de Trégunc. L'entretien des circuits sera réalisé par les associations ci-dessus.

Les textes thématiques ont été écrits par Jean Penn, Marie-Aude Auzerais (Office de tourisme de Névez), Mona Bouzec, Serge Duigou, Pierre Roland Giot, Michel Guéguen, Loic Jadé, Benoit Jubard, Thierry Lacombe (SEM de Fouesnant), Pierre Le Thoër, Catherine Puget (Conservateur du musée de Pont-Aven).

Les photographies sont de Armand Le Bloas (A.L.B.) ; Michel Guéguen (M.G.) ; Claude Péridy (C.P.) ; François Quinio (F.Q.) ; Association Ouest Cornouaille Promotion (A.O.C.P).

Les dessins et aquarelles sont de Anne Cadiou (A.C.) ; Henri Le Goff (H.L.G.) ; Cathy L'Hostis (C.L.) : Nathalie Locoste (N.L.) ; Raymond Rohan (R.R.).

Direction des collections et des editions : Dominique Gengembre. **Production editoriale :** Isabelle Lethiec. **Secretariat d'edition :** Philippe Lambert et Marie Décamps. **Cartographie :** Olivier Cariot et Frédéric Luc. **Mise en page et suivi de fabrication :** Armand Le Bloas et Jérôme Bazin. **Lecture et corrections :** Brigitte Bourrelier, Anne-Marie Minvielle, Gérard Peter, Michèle Rumeau, André Gacougnolle, Elisabeth Gerson.

Adresses utiles

■ Randonnée

• Centre d'information de la Fédération française de la randonnée pédestre, 14, rue Riquet, 75019 Paris, tél. 01 44 89 93 93 e-mail : info@ffrandonnee.fr

Pour adhérer à une association de randonneurs et entretenir les sentiers :
• Comité régional de la fédération de Bretagne : Maison des Sports 13bis, av. de Cucillé, 35 035 Rennes Cedex tél/Fax. 02 99 54 67 61 - e-mail : ffrandonnee.bretagne@wanadoo.fr
• Comité départemental de la Fédération du Finistère :
4, route de Saint Renan, BP 2, 29810 Plouarzel, tél. 02 98 89 60 06.

■ Tourisme

• Comité départemental du tourisme du Finistère, 11, rue Th. Le Hars, BP 1419, 29104 Quimper, tél. 02 98 76 20 70 e-mail: finistere.tourisme@wanadoo.fr

• Pays touristiques
Ass Ouest Cornouaille Promotion, Pont-l'Abbé, tél. 02 98 82 30 30

- Pays des Portes de Cornouaille Bannalec, tél. 02 98 39 47 00
- Pays du Centre Finistère Pleyben, tél. 02 98 26 60 25

• Offices de tourisme (permanents)
- Douarnenez, tél. 02 98 92 13 35
- Audierne, tél. 02 98 75 04 93
- Le Guilvinec, tél. 02 98 58 29 29
- Loctudy, tél. 02 98 87 53 78
- Pont-l'Abbé, tél. 02 98 82 37 99
- Bénodet, tél. 02 98 57 00 14
- Fouesnant, tél. 02 98 56 00 93
- La Forêt-Fouesnant, tél. 02 98 51 42 07
- Concarneau, tél. 02 98 97 01 44
- Trégunc, tél. 02 98 50 22 05
- Névez, tél. 02 98 06 87 90
- Pont-Aven, tél. 02 98 06 04 70
- Riec-sur-Bélon, tél. 02 98 06 97 65
- Moëlan-sur-Mer, tél. 02 98 39 67 28
- Clohars-Carnoët, tél. 02 98 39 93 42
- Quimperlé, tél. 02 98 96 04 32

• Pour obtenir la liste des autres Offices de tourisme sur l'itinéraire, s'adresser aux Pays touristiques ou au CDT.

Bibliographie, cartographie

■ Connaissances géographiques et historiques de la région

• Guide Vert *Bretagne*, Michelin.
• *Le Finistère Sud* , éd. Gallimard.
• *Promenades et découvertes sur les GR*
• Giot, *La bretagne des mégalithes* éd. Ouest-France.
• Le Gallo (J.Y.), *Le Finistère*, éd. Bordessoules.
• *Le Patrimoine des Communes du Finistère* (tomes 1 et 2), éd. Le Flohic.
• Le Scouarnec (Gwenc'hlan), *Guide de la Bretagne mystérieuse*, éd. Princesse.

■ Faune, flore
• Bourgaut (Y.), *Les Oiseaux de bord de mer*, éd. Ouest-France.

• Lemoine (C.), *Les fleurs de bord de mer*, éd. Ouest-France.
• Mauxion (A.), *Les Oiseaux des Marais*, éd. Ouest-France.

■ Hébergements
Gîtes d'étapes et refuges, France et frontières, A. et S. Mouraret, Rando-éditions. Internet : www.gites-refuges.com.

■ Cartographie
• Cartes IGN au 1 :50 000 : 0319, 0418, 0419, 0518, 0519, 0520, 0618, 0619, 0620, 0719, 0720.
• Cartes IGN au 1 : 100 000 n°13 et 15
• Carte Michelin au 1 : 200 000 n° 230

Pointe du Van, *photo A.L.B.*

Breizh-Izel, bro dispar (basse Bretagne, pays sans pareil) dit une chanson. Chauvinisme, vue partisane, non plutôt vision réelle de bretons sensibles à la beauté diversifiée des paysages de leur région. De l'Armor (la mer) à l'Argoat (la forêt), nos GR® parcourent ces pays le long de leurs six cents kilomètres. Partant de Douarnenez, nichée au fond de sa baie, où a été engloutie à tout jamais la ville d'Ys, le sentier se dirige jusqu'au "bout de la terre" ; à l'extrémité ouest du Finistère (Finis terrae en latin) la pointe du Raz, patrimoine mondial de l'humanité.

Ici l'itinéraire ouvre sur la porte du pays du vent de noroît, à travers bruyères et landes arides le long de falaises escarpées et de criques profondes, pour aboutir, par une falaise de plus de soixante dix mètres de hauteur, devant le fameux Raz de Sein et ses courants marins parfois déchaînés. Un dicton dit même : "qui voit Sein voit sa fin".

Bien que souvent inhospitalière, cette côte est le site de reproduction de nombreuses espèces d'oiseaux marins. La réserve ornithologique du Cap Sizun à Goulien en est la preuve. A partir du mois de mai, guillemots de Troïl, mouettes tridactyles, goélands (*argentés, bruns, marins*) cormorans huppés, pétrels fulmar viennent y nidifier.

Pointe du Raz, *photo A.L.B.*

de la région

Port d'Audierne, *photo A.L.B.*

que l'occupation humaine du Cap Sizun remonte à la préhistoire. Passé le petit port de Porz Poulhan, la statue de la Bigoudène signale au randonneur qu'il pénètre dans le pays Bigouden, pays fier et

Administrativement le Cap Sizun représente un canton de treize communes et a pour "capitale" la petite ville de Pont-Croix

Plus abritée, la côte méridionale du Cap Sizun est plus vivante : des ports ponctuent la frange littorale de plus en plus basse à mesure que l'on quitte la Pointe du Raz. Ils sont séparés par de longues plages de sable blond adossées à des dunes fragiles. Des vestiges, encore présents à de nombreux endroits, attestent

rebelle, point de départ en 1675 de la célèbre révolte des Bonnets Rouges qui a été à l'origine de la décapitation de nombreux clochers autour de Pont l'Abbé. La rumeur populaire prétend que, par représailles, les Bigoudènes ont décidé de porter leurs clochers sur la tête en élevant progressivement la hauteur de leurs coiffes. A vrai dire, la coiffe ne prit de l'altitude qu'au début du vingtième siècle, mais cette légende traduit bien le caractère sourcilleux des Bigoudens.

Retour de pêche au port du Guilvinec, *photo A.L.B.*

Chaque printemps, autour de la chapelle de Tronoan, éclatent les couleurs des champs de tulipes, jacinthes... sur des palues longtemps abandonnées. Attirées par le climat et le sol sablonneux deux familles hollandaises et une entreprise angevine ont apporté ici leur savoir faire pour la production des fleurs à bulbe.

Passé le Pont de Cornouaille, nous traversons la région des grandes stations balnéaires du Finistère : Bénodet, Fouesnant, au climat doux, aux paysages variés, c'est le pays du bon cidre. Plus loin la Forêt-Fouesnant est connue du monde marin pour la qualité de ses navigateurs. Le sentier qui chemine à travers bois passe Concarneau, célèbre pour sa Ville Close. Plus loin, il mène au pays des avens et des petits ports blottis dans leurs profondes rias : Bélon, Brigneau, Merrien, Doëlan. C'est aussi le pays des "Pierres debout", pierres dressées qui ont édifiés clôtures et chaumières. Ici l'itinéraire traverse sûrement les paysages fixés à jamais sur la toile par Gauguin et les peintres de l'Ecole de Pont-Aven à la fin du 19e siècle.

Nous voici parvenus au Pouldu, ou nous abandonnons le sentier côtier. Après une intrusion dans les profondeurs des forêts de Carnoët et de Toulfoën, puis le long de la Laïta, le GR® débouche à Quimperlé, seuil du Pays des Portes de Cornouaille. Une visite s'impose à l'abbatiale Sainte-Croix, monument remarquable par son plan cruciforme et circulaire. Le chemin quitte la ville par le sentier Glenmor en hommage au célèbre barde breton décédé en 1996, qui vécut ici ses dernières années.

L'Ellé, aux Roches du Diable,
photo A.L.B.

Quittant l'Ellé et ses méandres ombragés, nous pénétrons dans le département voisin du Morbihan et nous traversons le pays du Roi Morvan mais aussi de la célèbre brigande "Marion du Faouët", au coeur généreux, qui détroussait riches seigneurs et marchands pour redistribuer aux mendiants et aux gueux.

Concarneau, *photo A.L.B.*

Chapelle Saint-Urlo le Faouët, *photo A.L.B.*

Le GR® pénètre dans les Montagnes Noires, seconde chaîne montagneuse du massif Armoricain. Moins haute que les Monts d'Arrée, mais tout aussi mystérieuse, ses légendes nous rappellent qu'elle est également peuplée de korrigans et d'ankous.

Quittons les monts vallonnés pour rejoindre la riante vallée de l'Aulne et le canal de Nantes à Brest à Châteauneuf-du-Faou. Par les derniers contreforts de la "montagne de Laz" nous pénétrons dans le "Pays Glazik", ainsi nommé pour

la couleur bleue du costume traditionnel, qui dit-on doit son origine au surplus des uniformes de l'armée napoléonienne.

L'invitation à la randonnée se poursuit le long de la rivière l'Odet pour faire escale à Quimper, capitale de la Cornouaille dotée d'une magnifique cathédrale gothique. Du fronton, juché sur son cheval, le Roi Gradlon observe pour l'éternité la vie trépidante de sa cité. Dernière partie du périple, Locronan et ses vieilles pierres, patrie de saint Ronan, ancienne cité des tisserands envahie en saison estivale par les touristes en quête d'histoire.

Une belle perspective de circuits de randonnées pour tous les marcheurs à la recherche de l'authentique ; depuis trois jours pour découvrir le Pays bigouden ou de Quimperlé, jusqu'à trois semaines pour effectuer le tour complet de la Cornouaille et des Montagnes Noires.

Vallée de l'Aulne à Châteauneuf-du-Faou, *photo A.L.B.*

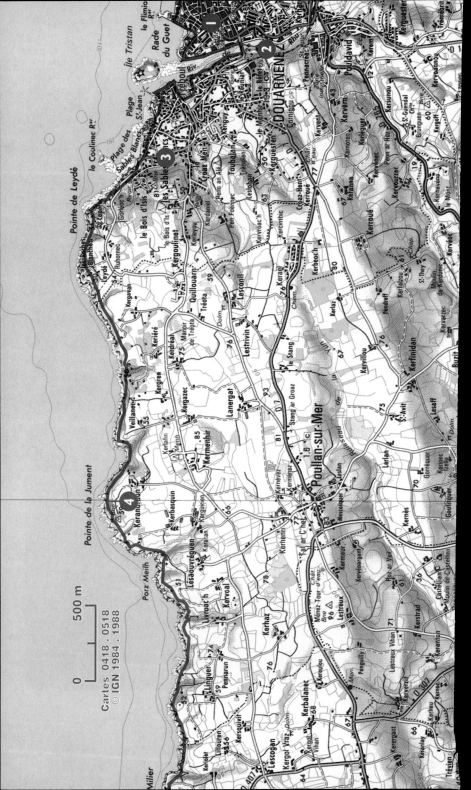

Le sentier GR® 34
de Douarnenez à Lorient

De **Douarnenez** à **Tréboul** `10 km` `2 h 30`

A Douarnenez :

1 Le départ du GR® se fait du terre-plein de la criée. Se diriger vers l'ouest en longeant la plage de Pors Cad puis la plage des Dames. Poursuivre par les boulevards Jean Richepin et Camille Réaud pour atteindre le quai du Port Rhu.

A gauche, avant le musée du bateau, la chapelle Saint-Michel renferme un plafond polychrome remarquable. Quant au musée, il contient l'une des plus importantes collections de bateaux d'Europe : plus de 200 pièces.

2 Avant le pont, monter un escalier, traverser la ria de Port Rhu. Une halte au milieu du pont s'impose, pour le panorama sur tous les bateaux à flot du musée.
Aussitôt franchi le pont, descendre un autre escalier, longer la berge, contourner la cité H.L.M. de Kermabon, suivre les quais du Port de plaisance jusqu'au bureau du port et au Centre nautique. Longer la côte par la rue du Môle. Prendre à droite le passage de l'Armen, longer la plage des Sables Blancs à **Tréboul.**

De **Tréboul** à **la pointe de la Jument** `3 km` `45 mn`

A Tréboul :

3 A **Tréboul**, poursuivre par le môle le long de la côte. A l'extrémité du môle, monter un escalier à gauche, puis continuer la route à droite. Aussitôt après le centre de vacances, traverser un parking à droite et trouver le sentier côtier qui mène au vallon de Saint-Pierre. A droite, en chemin, à quelques encablures de la côte, vue sur le rocher le Coulinec (*200 m, à gauche au fond du vallon, la fontaine Saint-Pierre mérite un petit détour*). Revenir sur ses pas et reprendre le sentier du littoral en direction la la pointe de Leydé.

A droite, vue sur le Ménez-Hom (330 m) ainsi que sur la plaine du Porzay et les plages, en face, la presqu'île de Crozon.

Continuer sur le sentier côtier. Il domine une succession de petites criques escarpées avant d'atteindre la **pointe de la Jument.**

Les menhirs et allées couvertes attestent que Poullan rassemble dès le néolithique de nombreuses communautés. Des tumuli et des stèles remontent à l'âge du bronze et du fer. La première communauté religieuse s'est installée au Haut Moyen Age. Les anciennes cartes attestent que le havre de Tréboul faisait partie prenante du territoire paroissial sous le nom de port de Polan. La séparation a eu lieu en 1880, date de création de la commune de Tréboul.

La Baie de Douarnenez est l'emplacement légendaire de la ville d'Ys. Cette ville aurait été construite au ras de la mer.

Dans la cité, régnait une véritable débauche menée par la fille unique du roi Gradlon, Dahud.

Un jour, un beau cavalier qui était Satan, demanda à Dahud de voler à son père les clefs que celui-ci portait au cou. C'étaient les clefs des vannes retenant l'eau aux portes de la ville. Dahud vola les clefs durant le sommeil de son père et les remit au beau cavalier qui ouvrit les vannes. L'eau déferla sur la ville et très vite, la submergea, puis l'engloutit.

Saint Guénolé, conseiller du roi Gradlon, vint prévenir celui-ci que la ville allait disparaître et lui conseilla de fuir vers l'est à cheval. Le roi prit sa fille en croupe et partit au galop. Mais la mer les rattrapait et gagnait sur eux. Finalement, saint Guénolé dit à Gradlon : "Tu portes Satan en croupe, jette-le !"

Le roi jeta sa fille à bas de son cheval et la mer s'arrêta aussitôt à l'endroit où tomba Dahud. Cet endroit est appelé depuis Poull Dahud, le Trou de Dahud, et se situe près de Douarnenez.

Dahud en tombant dans l'eau se transforma en sirène appelée Morgane (née en mer). Lorsque les marins l'apercevaient sur l'eau, ils devaient vite se dépêcher de rentrer au port car une tempête allait se lever.

Devant la chapelle Saint-They, il y a un îlot appelé karreg Morgan (le rocher de Morgane).

De nombreuses légendes ont circulé pendant des siècles dans les foyers du Porzay et du Cap Sizun sur la ville d'Ys. Plusieurs d'entre elles ont été recueillies, entre autres, à la fin du siècle dernier, par l'écrivain Anatole Le Braz, qui les a rapportées dans son ouvrage "La Légende de la Mort".

Huile de R.R.

Port Musée, *photo A.L.B.*

Douarnenez hier

A la fin du 19e siècle, Douarnenez était le plus grand port sardinier d'Europe. La ville entière devint alors zone portuaire, parsemée de sécheries de filets, de chantiers de construction navale et de presses à sardines, jusque dans les caves des maisons.

Le nombre des conserveries augmente jusqu'en 1940. L'homme est marin à onze-douze ans, la femme et la fille travaillent à l'usine. Pendant plus d'un demi-siècle, la vie s'est concentrée autour du port.

Douarnenez est le résultat de la fusion, en 1945, de quatre communes : Douarnenez, Ploaré, Pouldavid et Tréboul.

Douarnenez aujourd'hui

Le port en eau profonde abrite à la fois une flottille semi-industrielle et une flottille artisanale polyvalente. L'espèce reine en tonnage est la lotte, suivie de la langoustine. Six navires hauturiers rapportent aiguillats, roussettes, juliennes et congres. La flotte douarneniste, forte d'une centaine de bateaux, pratique tous les genres de pêche, y compris le thon tropical.

Les autres activités essentielles du pays sont les trois grandes conserveries, l'emballage industriel, le tourisme et la thalassothérapie.

Le Port Rhu et son musée abritent plus de cent vingt bateaux du monde entier.

L'office de tourisme propose une série de circuits de promenade à pied dans le vieux Douarnenez et sur Tréboul.

25

Carte 0418
© IGN 1984

De la pointe de la Jument à la pointe de Beuzec `12 km` `3 h`

4 De la **pointe de la Jument**, longer une succession de criques sur le haut de la falaise pour arriver dans le creux du vallon à Porz Meilh (*Port du Moulin*).
Retrouver le sentier côtier qui file plein ouest, de pointes rocheuses en petites criques sableuses. Il franchit la limite des communes de Beuzec-Cap-Sizun et Poullan-sur-Mer, puis passe près du phare de la pointe du Millier, isolé sur cette côte sauvage.

Reprendre le cheminement le long de la falaise. Contourner la plage de Pors-Péron puis la pointe de Trénaouret. On atteint alors la **pointe de Beuzec**.

Hors GR® pour **Beuzec-Cap-Sizun** : `1,5 km` `25 mn`

A Beuzec-Cap-Sizun : 🏠 🛏 ⛺ ☕ 🛒 🍴 🚌

Suivre à gauche la départementale 507.

De la pointe de Beuzec à la pointe de Brézellec `17,5 km` `4 h 20`

5 Descendre de la **pointe de Beuzec** et en longeant les petites criques qui se succèdent gagner la pointe de Luguenez.

▶ Hors GR® pour le menhir de Luguénez, aller 200 m à gauche.

Pointe de Penharn, *aquarelle C.L.*

Aquarelle A. C.

Phare du Milier

La pointe du Milier est située à mi-chemin entre l'entrée de la Baie, à la Pointe de Brézellec, et le port de Douarnenez.

Cette situation géographique a sans doute déterminé le choix de ce site pour construire le phare en 1881.

C'est un phare original, invisible de l'intérieur des terres, caché par la maison du gardien. Il n'a pas été nécessaire de le surélever car la pointe est bien dégagée et visible dans la zone de balayage du phare.

Il possède un feu fixe, à la période d'un éclat blanc toutes les six secondes, et une occultation de six secondes également.
Sa portée lumineuse maximale est de dix-sept milles (31,5 km) par temps clair.

Jusqu'à l'arrivée de l'électricité en 1965, la lanterne fonctionnait au pétrole. Elle consommait environ cinq litres de pétrole par nuit. Au tout début, ce pétrole était acheminé à dos de mulets car aucune route ne parvenait jusqu'au phare.

Avant l'installation de l'eau courante, dans les années soixante, le phare ne possédait qu'une citerne pour recueillir les eaux de ruissellement de pluie des toits. Le plus souvent, cette eau était saumâtre. En période de sécheresse, l'approvisionnement se faisait par camion-citerne par le service des Ponts et Chaussées de Brest.

Le phare a été le premier abonné à bénéficier du téléphone dans le secteur. Par convention avec les P.T.T., il était mis à disposition des riverains qui l'utilisaient uniquement pour appeler le médecin, le vétérinaire ou le curé pour les derniers sacrements.

Le gardien était de service vingt-quatre heures sur vingt-quatre, sept jours sur sept. Il était généralement assisté, dans sa fonction d'un gardien auxiliaire, par son épouse.

Jusqu'en 1974 et la mise en service du sémaphore du cap de la Chèvre dans la presqu'île de Crozon, il devait signaler aux autorités compétentes les incidents dont il était le témoin dans la baie.

Une autre tâche quotidienne incombait au gardien, il devait assurer les relevés météorologiques locaux : vitesse et direction du vent, hauteur des pluies, visibilité et états de la mer et du ciel, portée maximale du phare par rapport au temps. Ces données étaient transmises à la Météorologie Nationale chaque mois.

Le phare a été automatisé en 1993, la maison du gardien louée aux agents de maintenance des phares et balises.

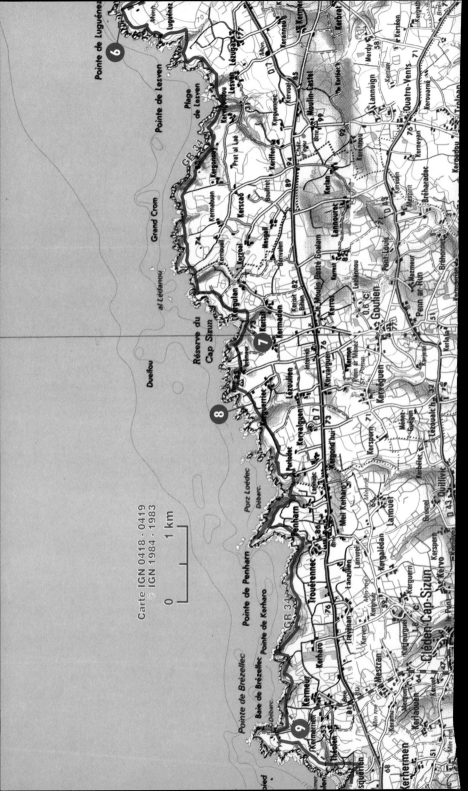

Carte IGN 0418 - 0419
© IGN 1984 - 1983

0   1 km

6 Des ruines de la cabane des douaniers, prendre le sentier côtier vers l'ouest. Se diriger vers la pointe, puis la plage de Lesven.

C'est une petite crique où un débarcadère a été construit, pour permettre la mise à l'eau des petits bateaux à marée haute.

Remonter et suivre le sentier côtier. A quelques encablures de la côte, on aperçoit successivement les rochers du grand Crom, al Lédanou et Duellou. Au fond d'une faille étroite se termine le sentier côtier. Remonter vers le parking de la réserve des oiseaux du Cap Sizun.

7 Continuer sur la route. Dans la descente, à 100 m avant le village de Kerisit, virer à droite dans un petit chemin de terre pentu, puis remonter légèrement. A la balise, tourner à droite vers la côte et poursuivre dans un chemin herbeux jusqu'à une bifurcation. Prendre à droite vers la maison au bord de la falaise. La contourner par la gauche. Descendre dans la faille puis remonter jusqu'au sommet de la falaise. Après la clôture revenir à gauche.

8 Contourner le village de Kerguerriec par le chemin descendant à droite. Dans le virage en épingle à cheveu, obliquer à droite pour rejoindre la côte. Enjamber la passerelle et remonter le chemin herbeux pour trouver à gauche un large chemin empierré que l'on suit jusqu'à son extrémité. Bifurquer à droite dans une sente le long d'un talus, pour revenir auprès de la côte. Continuer au sommet de la falaise, avant de dévaler au fond d'un vallon et remonter à droite, pour parvenir à Porz Loédec. Laisser le débarcadère à droite pour retrouver le sentier côtier. Rejoindre la pointe de Penharn puis celle plus petite de Kerharo. Contourner la baie de Brézellec et son petit port de mouillage et enfin monter vers la station météorologique de **la pointe de Brézellec.**

Hors GR® pour **Cléden-Cap-Sizun :** `3 km` `45 mn`

A *Cléden-Cap-Sizun :*   🛏 🏕 🍺 🛒 ✕ 🚌

Prendre la route à gauche et couper la D 7.

La pointe de Brézellec a été habitée par les Gaulois, qui y installèrent un camp et construisirent un oppidum. Il aurait contenu jusqu'à deux cents habitations. Au vu des restes d'un rempart, le site a aussi été utilisé comme refuge au Haut Moyen Age.
A quelques encablures de la pointe de Brézellec, succède, à l'ouest, celle du Castelmeur (la grande forteresse). Ce promontoire est imprenable du côté de la mer. Sur sa falaise de soixante mètres de haut, il est facile à défendre. Des peuplades celtes s'y sont installées. Des fouilles ont mis à jour, sur les versants, les traces de quarante-quatre habitations à l'ouest et de cinquante à l'est. Pour se défendre des invasions venant de l'intérieur des terres, les habitants ont construit un oppidum dont l'entrée était défendue par quatre lignes de forts retranchements et trois douves profondes. La tradition locale raconte que la pointe aurait été habitée ultérieurement par des envahisseurs venus d'Angleterre. Le bandit La Fontenelle et sa troupe y auraient également séjourné. La découverte d'une poterie datant du 9e siècle atteste de l'occupation du site au moins déjà à cette époque.

Photo Bretagne Vivante

Parmi les expériences menées à la réserve, celle portant sur la survie du crave à bec rouge est très intéressante, car elle associe l'activité humaine et la nature. Qui a observé le vol rapide, au ras des vallonnements de la dune herbeuse (on doit dire "la pelouse"), avec de brusques changements de direction et des piqués impressionnants, ne peut que regretter la disparition de cet oiseau très lié à l'agriculture des bords de mer.

Jusqu'aux années soixante, on pouvait observer des groupes de dizaines et même d'une centaine de craves. Il reste tout juste trente-cinq couples en Bretagne de nos jours. En effet, ce corvidé, à ne pas confondre avec la corneille noire, se nourrit essentiellement d'insectes (chenilles, sauterelles), d'araignées, de larves qu'il capture en plongeant son bec dans le sol, ce qui ne peut se faire que là où l'herbe est rase. De plus, il se reproduit dans des sites accidentés et isolés (falaises, ruines...).

Ces conditions quasi montagnardes n'existaient plus qu'à Ouessant. Pour aider le crave à se maintenir ailleurs, il fallait surveiller la fréquentation touristique des zones sensibles et favoriser l'entretien de parcelles régulière-ment pâturées. D'où l'idée de développer l'expérience à la réserve de Goulien, où la tranquillité du littoral était particulièrement favorable, tout comme l'ancienneté du site de nichage. En 1969, des moutons ont été confiés aux soins du personnel de Goulien, à charge pour les ovins, qui devinrent un troupeau de plus de soixante bêtes, de recréer des zones de végétation rase plus propice au maintien du crave que la lande abandonnée.
Les années suivantes, le nombre d'oiseaux crût rapidement. Alors qu'il était à son minimum (quatre couples élevant difficilement des petits), au début de l'expérience en 1982, huit couples élevaient une vingtaine de jeunes. Depuis lors, l'expérience se poursuit à une échelle moindre.

En conclusion

La plus grande partie de la réserve est libre d'accès. Seul le secteur le plus fragile autour des falaises à nicheurs marins est d'accès surveillé. Ailleurs, des panneaux signalent les limites de la zone naturelle protégée. Il était de la volonté des créateurs de Goulien de ne pas en faire un espace "mis sous cloche" mais un lieu ouvert, de conservation de la nature, de recherche et de pédagogie.

Cela impose quelques devoirs aux visiteurs, tel le respect des oiseaux et de la nature, comme l'indique la charte officielle du randonneur. D'ailleurs, d'autres espèces représentées dans la réserve sont fragilisées par l'homme. L'une d'entre elles, terrestre, est le grand corbeau. N'étant pas inféodé au milieu marin, il quitte peu à peu les falaises pour d'autres lieux.

Texte de Jean-Marie Cochet
d'après une documentation de la Bretagne Vivante - SEPNB

Les oiseaux des étangs

Trois sites permettent d'observer ces oiseaux sur le Cap Sizun :
- l'étang de Laoual sur les communes de Cléden et Plogoff,
- l'étang de Poulguidou-en-Plouhinec,
- et surtout les bassins de décantation de Lespoul, à Pont-Croix.

Y sont présents toute l'année, hérons cendrés, aigrettes garzettes, foulques macroules, poules d'eau, tadornes de Belon et canards colverts.

Au passage ou en hivernage, de très nombreux canards, grèbes, chevaliers, bécasseaux, etc, stationnent sur ces plans d'eau pour s'y ravitailler et s'y reposer.

L'observation attentive de ces migrateurs permet régulièrement d'y découvrir des espèces rares, égarées, d'Amérique du Nord ou de Sibérie.

Héron cendré, *photo Bretagne Vivante*

Les oiseaux terrestres

Parcourir le Cap Sizun, c'est aussi se promener dans l'intérieur du pays ou à travers les landes, le bocage et les bois de la vallée centrale.

Il est possible de découvrir bon nombre de rapaces et de passereaux : éperviers, faucons crécerelles, pics verts ou pics épeiches, mésanges, fauvettes, grives, merles, bouvreuils, bruants, etc.
Dans les landes et les zones de friche, vous trouverez quelques espèces plus typées comme la fauvette pitchou, la bouscarle de Cetti, la cisticole des joncs, le traquet pâtre, le pipit farlouse.

Le Cap Sizun est ainsi, à la fois une terre d'accueil pour bon nombre d'oiseaux marins qui y nichent, mais aussi un carrefour très intéressant de migrations, vu sa situation avancée à l'extrême ouest de l'Europe.

Chouette chevêche, *photo Bretagne Vivante*

33

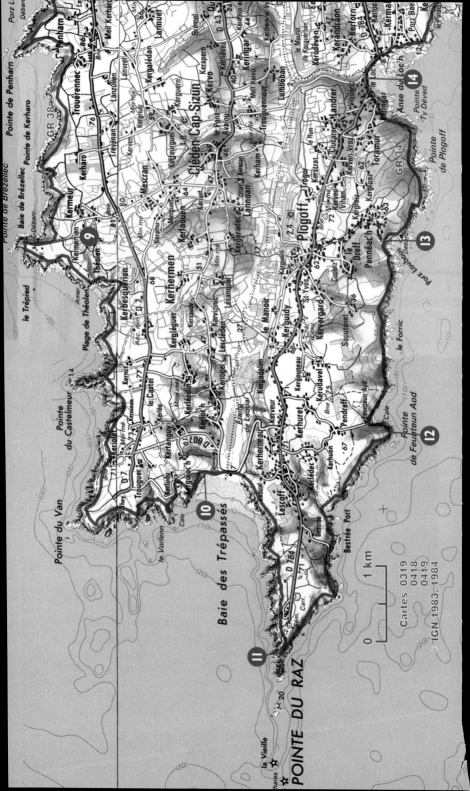

De la pointe de Brézellec à la baie des Trépassés `8,5 km` `2 h 10`

A la baie des Trépassés : 🏛 ⛺ ☕ ✕

9 Après l'amer de la **pointe de Brézellec**, descendre sur la crique de Théolen. Contourner la pointe de Castelmeur, puis la pointe du Van. Continuer jusqu'à la chapelle Saint-They. Passer l'abri du Vorlenn pour entrer dans la **baie des Trépassés**.

De la baie des Trépassés à la pointe du Raz `3 km` `45 mn`

10 Descendre une petite route sur 250 m. On rejoint la D 607 qui longe l'extrémité ouest de l'étang de Laoual. Après 250 m de plage, emprunter à droite un sentier qui grimpe. Le quitter au bout de 100 m et prendre à droite le sentier côtier. Celui-ci longe des blockhaus. La montée devient rude en bordure de falaise. Par une succession de pointes et de criques, le sentier parvient à **la pointe du Raz.**

Hors GR® pour le site de la **pointe du Raz** : `1 km` `15 mn`

Au site de la pointe du Raz : ☕ ✕ 🚌 i

De la pointe du Raz au port du Loc'h `10 km` `2 h 30`

Au Loc'h : 🏛 ☕ 🛒 ✕

11 A la borne "km 0" du sentier GR® européen, située devant le sémaphore de la **pointe du Raz**, se diriger à droite direction sud-est pour retrouver le sentier côtier. Le GR®, dominant une côte sauvage, parvient au dessus du port caractéristique de Bestrée. Pousuivre le long de la côte pour arriver à la pointe de Feunteun Aod et à son petit port.

12 Par les falaises déchiquetées, atteindre l'anse de Porz Loubous et son mini port abri.

Hors GR® pour **Plogoff** : `1 km` `15 mn`

A Plogoff : 🛏 ☕ 🛒 ✕ 🚌

13 Continuer toujours le long de la côte. Passser les pointes de Plogoff et de Ty Déved pour atteindre le fond de l'anse et le petit port abri du **Loc'h.**

Chapelle Saint-They, *photo A.L.B.*

Dans le Cap Sizun, on croit à l'existence des sirènes.

Près de Saint-They, en Cléden, à l'extrême pointe du Van, se trouve même un îlot du nom de Mary-Morgane. C'est un rocher noirâtre, dont la tête, ceinte d'une couronne desséchée de capitules d'armérias, surplombe les flots, d'une hauteur de 30 m, et dont la base est entourée d'une double ceinture de laminaires et d'anatifes.
La pauvreté de la demeure de Morgane n'empêche pas les sirènes de visiter quelquefois la baie des Trépassés.

Un pêcheur raconte en avoir déjà vu une : "du haut des falaises de Kerbeskulien, on la voyait s'ébattre dans la mer, paraître, disparaître et s'approcher des rochers sans jamais quitter la mer. Sa figure était celle d'une belle jeune fille. Elle laissait flotter sur son dos sa longue chevelure blonde. Lorsque ses cheveux la gênaient pour nager, elle

sortait de l'eau ses bras terminés par des nageoires, et les arrangeait.
De temps en temps, elle émettait un sifflement, plutôt qu'un chant, mais sa voix était douce. A cause de l'éloignement, on ne pouvait comprendre son langage.
On la vit ainsi pendant deux jours, puis elle disparut vers la Basse-Jaune, après avoir longé les rochers de la pointe de Brézellec à celle du Van".

Voici, en fait, ce qui a donné naissance à ce récit : lorsque le pêcheur a vu la sirène, une bouée surmontée d'un signal de brume avait rompu sa chaîne et flottait, en épave, dans le raz de Sein. La conque du signal de brume fonctionnait par intervalle. La voix de la sirène et les fucus attachés à l'épave représentaient sa chevelure.

Mais quelle version faut-il croire ?

Dans le Cap Sizun, on préfère croire à l'apparition des sirènes.

La légende de Saint-They

Le cruel Conomor, (le Barbe-Bleue breton), comte de Cornouaille, avait deux fils de sa femme, la douce Tréphine : They et Trémeur

Photo A.L.B.

Un jour qu'il était à la chasse, Conomor, pris tout à coup d'une crise de folie, décapita ses deux enfants.

Mais They et Trémeur prirent leur tête sous le bras et gagnèrent le rivage où ils trouvèrent une barque qui les attendait.

Saint They, voulant avoir les mains libres pour hisser la voile et manœuvrer la barque, remit sa tête sur son cou. Immédiatement, la tête reprit vie, comme si rien ne s'était passé.

Trémeur voulut imiter son frère, mais le vent était si fort qu'il ne put remettre sa tête dans une position normale, le vent la faisant tourner d'un côté et de l'autre. Il garda donc sa tête entre ses bras pendant tout le voyage (c'est pourquoi des statues le représentent ainsi).

Les saints finirent par aborder dans une anse du Cap Sizun qu'on appelle le port aux saints (Porz ar Zent). Ils établirent leurs ermitages dans la paroisse de Cléden-Cap-Sizun.

La chapelle Saint-Tugdual

La chapelle Saint-Tugdual (Sant-Duel, en breton), tapie à l'orée d'un vallon, juste avant le village de Trouzent, mérite le détour par le petit tronçon de route.
La chapelle a été construite en 1772, à l'emplacement d'un édifice plus petit.

Jadis, au temps des moulins à vent, on balayait la chapelle pour que le souffle se lève et fasse tourner les ailes.

A la Révolution Française, la chapelle fut vendue à un habitant de Trouzent. Non loin de la chapelle, se trouve la croix de sant Duel, érigée pour commémorer le sacrifice des hommes du quartier, morts pour la patrie au cours de la guerre 14-18.
Pour la construire, on utilisa le dolmen et le menhir du site mégalithique qui se trouvait à proximité de la fon-

Photo A.L.B.

taine sant Duel.
Le dolmen servit de socle au calvaire et le menhir de fût à la croix. Ces mégalithes étaient des pierres sacrées pouvant servir de table pour les sacrifices rituels ou de potence pour les condamnés.
Un observateur attentif peut d'ailleurs remarquer dans le granit du menhir une entaille pour la corde des pendus, d'où l'appellation "ar men kroug" (la pierre de pendaison) du menhir.

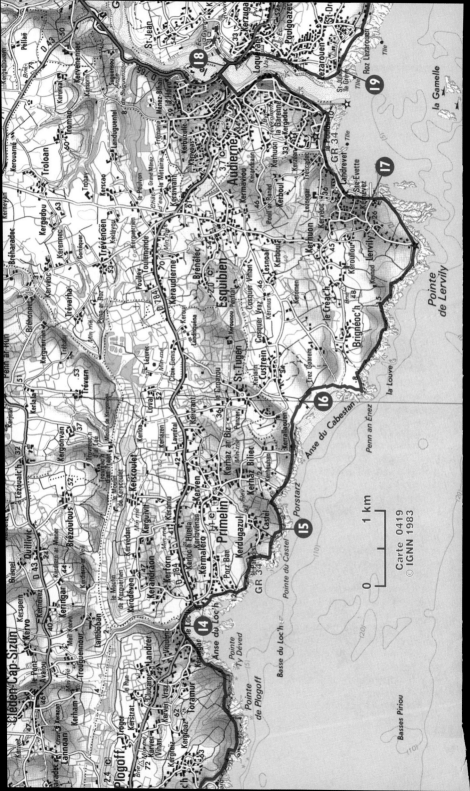

Carte 0419
© IGNN 1983

0   1 km

Du port du Loc'h à Sainte-Évette

A Sainte-Évette :

14 Au **Loc'h,** longer la route à droite pour contourner le petit port et retrouver aussitôt le sentier côtier qui conduit à la pointe du Castel.

15 Passer au-dessus des grottes et des "cougons" (les mini calanques), le sentier mène à l'anse de Porstarz et ensuite à l'entrée de l'anse et de la grande plage du Cabestan.

▶ Accès à 1 km, à la chapelle Saint-Tugen.

16 Le GR® rejoint ensuite la pointe de Penn an Enez. Il continue par les petites criques, passe la Pointe de Lervily et parvient toujours en longeant le rivage au port de **Sainte-Évette**, d'où s'effectuent les embarquements pour l'île de Sein.

De **Sainte-Évette** à **Audierne**

A Audierne :

17 A **Sainte-Évette**, prendre à droite, longer la plage sur le sentier côtier aménagé. Cheminer ensuite sur le haut des dunes, regagner la route pour parvenir au môle du Raoulic (construit en 1847) long de 247 m, qui se termine par le phare marquant l'entrée du port. Emprunter ensuite le chemin de halage pavé (1858), la passerelle des Capucins (1893) et le Vieux môle (1766). Par les quais du port, toujours animés, rejoindre le centre ville d'**Audierne**.

Huile H.L.G.

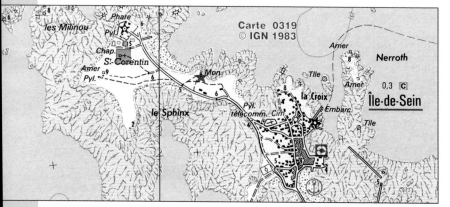

Carte 0319
© IGN 1983

Île-de-Sein

Va savoir lequel, de la vache ou du cochon, était le plus malade. Enfermés chacun dans une cage à claire-voie de part et d'autre du mât de misaine, ils faisaient pitié à voir. Il y avait aussi deux veaux, liés l'un à l'autre, mais ceux-là avaient perdu connaissance avant même qu'on eût quitté l'estuaire du Goyen.

Un petit grain nous était tombé dessus, mais lorsque nous eûmes laissé derrière nous la Pointe du Raz, "l'Enez Sun" commença à danser sérieusement. Février est encore un mois "noir".

Dans la cabine des passagers un groupe de vieilles îliennes, *jibilinenn* (coiffe noire portée par les femmes de l'île de Sein) rabattue, chantait des cantiques bretons. D'autres silencieuses, lèvres serrées, priaient : "Mon Dieu, secourez-moi quand je passe le Raz", une ancienne prière que tous les marins connaissent bien de Penmarc'h au Conquet.
En effet, ces trois lieues marines ont fourni à la grande légende de la mer ses proverbes et dictons les plus tragiques :

> Qui voit Sein, voit sa fin.
> Nul n'a jamais franchi le Raz
> Sans éprouver peur ou dégâts.

Entre l'île et la pointe
C'est le cimetière des hommes.
C'est à tout cela que pense le voyageur qui embarque à Audierne.

Une lame plus violente s'éleva le long de l'étrave et recouvrit le pont. La vache s'ébroua et le cochon se retrouva soudain debout. Mais les veaux étaient plongés dans l'eau glacée. Il fallut qu'un matelot se précipitât pour soulever les deux jeunes bêtes à demi noyées.

Nous avions maintenant laissé derrière nous la tour carrée du phare de la Vieille et j'apercevais avec netteté les maisons de l'île. Sur la jetée, une foule compacte attendait malgré le vent glacial. Il en était ainsi à chaque retour de "la poste", nom donné à la navette par les îliens.
Un homme au visage inquiet s'avançait vers l'Enez Sun... sans doute le boucher venu prendre livraison de son bétail. Quelques instants après, j'étais confortablement installé devant une boisson chaude à l'Auberge des Sénans, sur le "quai des îliens".

D'après "Sein, l'île des Trépassés" de Louis Le Cunff et Stanislas Richard

Quelques repères :
- 350 habitants environ, les Sénans ;
- à 4,86 milles marins de la pointe du Raz ;
- à une heure de bateau de l'embarcadère d'Audierne (Sainte-Evette).

L'île de Sein possède des caractéristiques géographiques d'insularité extrême par sa toute petite taille et son double isolement. Elle est isolée du fait de son éloignement du continent. Desservie par bateau, le service n'est assuré l'hiver qu'une fois par jour dans le meilleur des cas. Elle est isolée aussi par une mer des plus dangereuses.

Le point culminant de l'île se situe à six mètres au-dessus de la mer, l'altitude moyenne n'étant guère supérieure à un mètre cinquante ! Fragile radeau de pierre et de sable, la moindre variation du niveau marin peut à jamais la faire disparaître sous les eaux. L'île fut d'ailleurs submergée à plusieurs reprises. En 1868, par exemple, tous les habitants durent se réfugier sur les toits et dans le clocher de l'église en attendant que les eaux se retirent. Malgré sa fragilité et la peur qu'elle inspire souvent, Sein continue de vivre depuis des centaines d'années.

Mentionnée dès l'Antiquité par le géographe romain Ompinius Mela sous le nom d'Insula Sena, l'île aurait été le centre de culture druidique dirigé par les prophétesses sacrées.

Au 19e siècle, elle est désignée dans le cartulaire de Landévennec sous le nom de Sedhun. Au cours du 18e siècle, Sein fut l'objet de plusieurs campagnes d'évangélisation menées par le père Jésuite Julien Maunoir, accompagné de Dom Michel Le Nobletz.

Suite à une épidémie de choléra qui décima la population de l'île à la fin du 19e siècle, les Sénanes adoptèrent en signe de deuil perpétuel la couleur noire pour leur costume traditionnel.

En 1960 fut inauguré, en présence du Général de Gaulle alors président de la République, le monument de René Quillivic, rappelant la participation des îliens dans la Résistance et, notamment, leur départ en nombre pour Londres en juin 1940. Figurant une croix de Lorraine, le monument représente un pêcheur en kapo-braz (cape de travail en lin), debout sur un socle portant l'inscription en breton "Kentoc'h mervel" (Plutôt mourir). Il faut dire que l'île entière participa à la Libération. A l'appel du 18 juin, tous les hommes valides quittèrent Sein pour l'Angleterre. Au total, 150 hommes prirent le large : il n'en revint que 114. On raconte qu'en juillet 1940, alors que le Général de Gaulle passait en revue ses 600 premiers hommes, il leur demanda leur origine. 150 répondirent "de l'île de Sein". Etonné, il se serait alors exclamé : "Sein est-il donc le quart de la France ?".

Ile de Sein. *Aquarelle de A.C.*

Ile de Sein

Anne Cadiou

D'Audierne à Porz Poulhan 9,5 km 3 h 10

A Porz Poulhan : ⊼ ☕ 🛒

18 A la sortie du pont d'**Audierne**, prendre la direction de Plouhinec.

Hors GR® pour **Loquéran** : 500 m 10 mn

A Loquéran : 🏠 🏠 ⊼ ✕
Après le pont, monter à gauche.

Tourner à droite au pignon d'une maison, et descendre sur la grève. Si les conditions de marée ne permettent pas d'accéder à la grève, continuer la grand-route sur 400 m et emprunter à droite, la rue du Manoir qui permet de descendre sur le terre-plein du port de Poulgoazec en passant devant un lavoir. Suivre la côte, passer devant la criée, le monument des péris en mer et emprunter l'escalier situé sous l'église Saint-Julien.

19 Poursuivre le long de la côte pour rejoindre la pointe Karreg Léon et ensuite atteindre la plage de Mezpeurleuc'h.

Hors GR® pour **Plouhinec** : 2 km 30 mn

A Plouhinec : 🏠 🛏 ⊼ ☕ 🛒 ✕ 🚌
Prendre, à gauche, la route d'accès de Plouhinec à la plage.

20 Le GR® longe ensuite les plages de Mezpeurleuch et de Guendrez.

▶ Jonction avec le GR® 34G vers Douarnenez. Description page 137.

Continuer vers la pointe du Souc'h, le sentier côtoie le site archéologique de Ménez Drégan contourne le phare et descend sur le petit port typique de **Porz Poulhan.**

▶ *Pour visiter l'allée couverte de Ménez-Drégan, remonter à gauche peu après le phare.*

De **Porz Poulhan** à **Penhors** 7 km 1 h 45

A Penhors : 🏠 ⊼ ☕ 🛒 ✕

21 Du port de **Porz Poulhan**, se diriger vers la statue de la bigoudène marquant la frontière entre le Cap Sizun et le Pays Bigouden. A gauche avant celle-ci, grimper le raidillon, longer un muret et poursuivre à droite dans la rue des Cormorans. Par la rue de Pors Guen, descendre jusqu'au sentier côtier. Cheminer jusqu'au parking du Gored. Descendre sur la grève. Après 150 m de goudron, retrouver le sentier côtier qui se faufile entre les criques et les penn ti pour parvenir à Poulbréhen.

Hors GR® pour **Plozévet** : 3 km 45 mn

A Plozévet : 🏠 🛏 ⊼ ☕ 🛒 ✕ ℹ 🚌
Suivre, à gauche, la route communale d'accès au hameau.

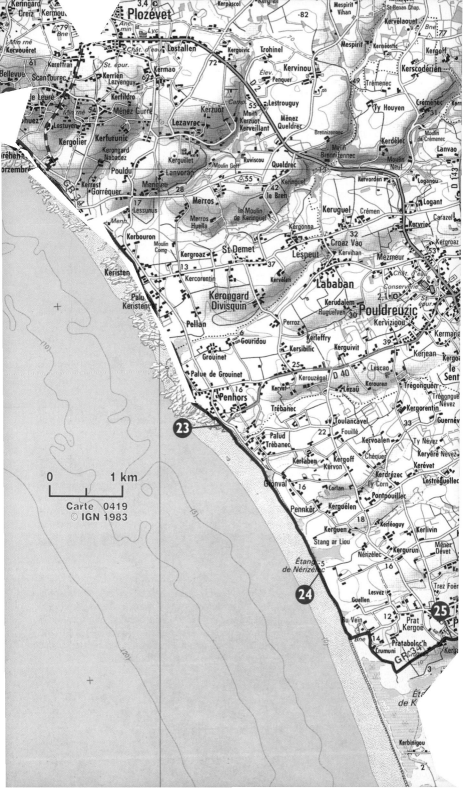

22 A la hauteur des aménagements de murets en pierres sèches, suivre la déviation pour éviter les éboulements de la falaise. Descendre dans la crique de galets, remonter sur le parking et reprendre le sentier en bordure d'un champ. Contourner un bar par le coté mer et retrouver le sentier côtier jusqu'au menhir des droits de l'homme. Après avoir longé plusieurs étangs formés par des cordons de galets, on débouche sur un parking *(coin pique-nique)*. Quand la marée le permet, on peut cheminer sur la plage. Le sentier côtier continue jusqu'au port de **Penhors.**

A la mi-décembre 1796, 45 navires quittèrent Brest avec 7 000 hommes sous le commandement du général Hoche. L'Angleterre avait en effet des velléités d'attaquer la France et Hoche envisageait de tenter un soulèvement de l'Irlande contre l'Angleterre. Mais la période étant mal choisie, la flotte française essuya trois tempêtes qui la dispersèrent et dut se résoudre à rentrer à Brest dans les premiers jours de 1797 sans avoir pu rejoindre la côte irlandaise. Le navire "Les Droits de l'Homme" se trouva esseulé et fut pris en chasse par plusieurs vaisseaux anglais. Après une douzaine d'heures de combat, le vaisseau vint s'échouer à 1 km de la côte bretonne. Le mauvais temps sévit encore pendant une semaine et ce n'est qu'au bout de cinq jours que l'on parvint à évacuer les survivants, et parmi eux un prisonnier anglais le major Pipon. Celui-ci dont le nom a été retenu, reviendra en été 1840 et en souvenir du naufrage, fera graver sur un menhir une inscription à la mémoire des six cents marins et soldats péris en mer.

De **Penhors** à **Plovan**   6 km   1 h 30

A Plovan :

23 A **Penhors,** après le port et la promenade, un passage bitumé mène au niveau d'un bar-crêperie, près duquel on trouve une sente. Après un passage sur le cordon de galets, il est possible de continuer soit par la plage, soit en bordure des terrains herbeux jusqu'à l'étang de Nérizélec, lieu de repos des migrateurs : tels que cygnes et tadornes de Belon.

24 Le GR® débouche ensuite au niveau du camping de Ru Veïn. Continuer pendant 100 m sur le sentier jusqu'à une petite route que l'on suit sur 150 m. Virer à droite vers Crumuni. Dans le premier virage, tourner à droite dans un chemin de terre et après 350 m, emprunter un chemin empierré puis une route jusqu'à l'entrée de **Plovan.**

Entre toutes, la chapelle Notre-Dame de Penhors est chère au coeur des Bigoudens, et son pardon, début septembre, a toujours été et reste l'un des plus suivis de la région. L'édifice date du 13e siècle, mais a été remanié au 15e (arc de triomphe) puis agrandi au siècle suivant.

Le style de l'école de Pont-Croix de l'époque est perceptible dans le choeur et la nef, où les piliers avec les faisceaux de colonnes se prolongent dans les chapiteaux. Dans l'iconographie, on remarque particulièrement une Vierge à l'enfant entourée de six anges porteurs de vases ou jouant d'instruments de musique.

Si la croix du calvaire est plus récente, par contre le fût a été enjolivé de quatre statues érodées par le vent marin.

Photo A.L.B.

La salicorne

La salicorne, plante de la famille des chénopodaciés, comme les épinards, pousse spontanément sur les herbiers qui bordent les vasières maritimes du littoral atlantique. Elle a su s'adapter à la salinité des sols, en développant des tissus charnus lui permettant de stocker de grandes quantités d'un suc salé.

Il en existe plusieurs espèces, annuelles ou vivaces, mais la plus connue est la salicorne d'Europe. Ses tiges annuelles, de dix à quarante centimètres, passent du vert foncé en début de saison, puis au jaune et enfin au rouge corail en automne.

Cette salicorne peut être consommée jeune, en été, sous forme de condiment (mariné dans le vinaigre), ou de légume vert comparable aux haricots.

Depuis quelques années, la salicorne intéresse l'industrie agroalimentaire. Sa culture pourrait en effet valoriser les zones salées à l'abandon et offrir une nouvelle production aux agriculteurs riverains des vasières salées, en particulier dans la baie de Somme et en Charente-Maritime.

Dessin N.L.

Derrière la plage, un monde à découvrir...

Ici le regard porte à des kilomètres... La baie d'Audierne est considérée, à juste titre, comme l'un des sites naturels majeurs au niveau européen, tant sont nombreux ses atouts. C'est en effet sur ce type de milieu que l'on rencontre la plus grande diversité biologique, tant au niveau de la flore que de la faune.

Des dernières pointes rocheuses de Penhors à la pointe de la Torche, un long cordon de galets marque la limite imprécise entre terre et mer, empêchant la communication entre les ruisseaux et l'océan. Ne pouvant plus descendre, l'eau douce gagne les parties basses de l'arrière-pays et forme, en fonction de la topographie, des mares temporaires ou des étangs permanents (Kergalan, Nérizélec, Trunvel). La légende raconte que Notre-Dame de Penhors aurait érigé ce cordon

La mosaïque de zones sèches et humides, les petites ondulations du paysage et l'omniprésence de l'influence maritime, expliquent la grande diversité botanique de la baie. En quelques centaines de mètres, on passe des dunes mobiles où pousse le chardon bleu et la giroflée des dunes, au marais. Là, les stations d'orchidées croissent dans un environnement de roseaux, scirpes et joncs, ou s'épanouissent dans les prairies pâturées, véritable catalogue des plantes à fleurs et des graminées.

Si cette diversité existe probablement à tous les niveaux de vie, ce sont les oiseaux qui ont révélé au mieux cette extrême richesse, puisque trois cents espèces ont été recensées ici, soit l'équivalent des grandes zones migratoires pyrénéennes.

Le busard de roseaux ne cherche pas à se cacher, et il est très facile de l'identifier lors de ses longs planés à la recherche de nourriture. Beaucoup plus discrets, les fauvettes des marais, ou le râle d'eau, se signalent surtout par leurs cris et leurs chants. Les canards, peu loquaces, se laissent admirer par centaines sur les étangs lorsque les rigueurs du climat les ont chassés de leurs sites traditionnels continentaux.

Etang de Saint-Vio, *photo A.L.B.*

pour protéger les marins des pilleurs d'épaves qui les détroussaient après avoir provoqué leur échouage.

Le cordon de galets, élément clé du paysage de Penhors à Trunvel, laisse la place au sud à un grand massif dunaire qui n'est interrompu que par l'éperon rocheux de la Torche.

La baie d'Audierne est un ensemble naturel grandiose et la compréhension de son fonctionnement exige une grande patience et de l'attention dans l'observation de l'environnement.

Loïc Jadé

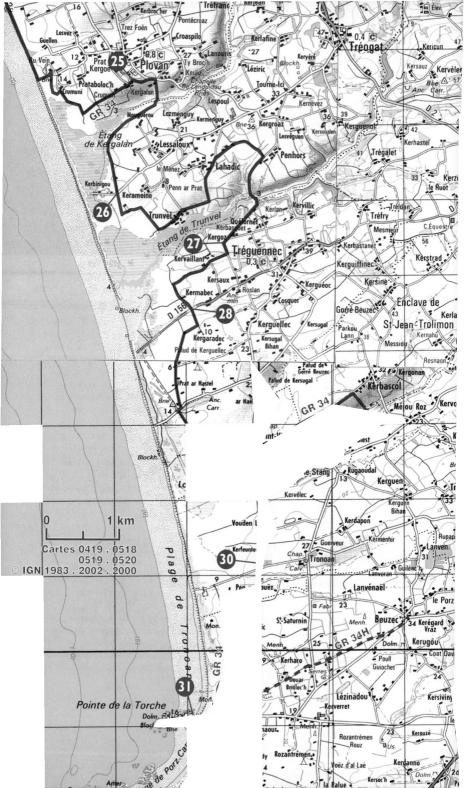

Cartes 0419 . 0518
0519 . 0520
© IGN 1983 . 2002 . 2000

De **Plovan** à **Kergoz** (Tréguennec)

7 km | 1 h 45

25 De **Plovan**, continuer jusqu'à la ferme équestre de Keruen. Descendre à droite dans un chemin de terre. Passer à gauche d'un hangar, puis poursuivre tout droit la descente. Par le gué, traverser la roselière, par un chemin, puis dans la lande longer l'étang jusqu'à la fontaine, puis se dirige plein sud vers Kerbinigou.

26 Tout droit, le GR® mène à une maison dite Ty Palud que l'on contourne par le bas. Traverser la roselière. Parvenir à la station de baguage des oiseaux de la SEPNB Bretagne Vivante, puis à l'observatoire de Trunvel. Traverser le village. Poursuivre sur 200 m, continuer à gauche vers Lahadic. Au carrefour, virer à droite vers Kerlan puis à droite Penhors. Encore à droite, franchir le pont et monter jusqu'à **Kergoz**.

De **Kergoz** à **la pointe de la Torche**

12,5 km | 3 h 10

A la pointe de la Torche : 🛏 ⛺ ☕ 🛒 🍴

27 Après **Kergoz**, tourner dans la première route à droite, descendre à Kervaillant. A la roselière, bifurquer à gauche, puis franchir la D156.

28 Se diriger vers Kergaradec. 100 m plus loin, obliquer à droite dans un chemin herbeux, puis un chemin de terre que l'on suit à gauche dans la Palud de Kerguellec. Parvenir à l'ancien broyeur de galets. Sur le parking, bifurquer à gauche dans l'ancienne voie ferrée, derrière la barrière, pour parvenir à 100 m de la route. Virer à gauche dans une allée herbeuse. Emprunter deux passerelles à gauche pour parvenir à la fontaine puis la chapelle du 14e siècle de Saint-Vio.

29 Suivre le chemin qui passe devant la maison Saint-Vio jusqu'au village de Kerbascol. Virer à droite pour descendre à la chapelle Saint-Evy. Descendre dans la roselière et traverser par la passerelle. Monter par la pâture jusqu'au chemin empierré que l'on prend à droite pour atteindre le Stang. Tourner deux fois à droite. A 300 m, continuer dans la route en impasse. Celle-ci devient chemin empierré dans le Loc'h (marais). Poursuivre sur 300 m, s'engager dans la pâture de gauche pour trouver un sentier sablonneux puis la route menant à la plage de Tronoan (*La chapelle et le calvaire de Tronoan se trouvent à 300 m*).

30 Couper cette route, par une piste sableuse, au printemps, au milieu des champs de tulipes, contourner Pen ar Vouëz. Un chemin empierré à gauche, mène aux dunes de la Torche que l'on traverse pour parvenir à la **pointe de la Torche**.

▶ Jonction avec le GR® 34H, décrit page 143.

Le site mégalithique est formé d'un dolmen à chambre compartimentée et à couloir de plus de 8000 ans, auquel est rattaché un prolongement plus récent. Les fouilles ont livré des ossements d'hommes du néolithique, ainsi qu'un habitat du mésolithique (amas de coquillage). Le site fut aussi occupé à l'âge de bronze et du fer. La pointe est réputée pour ses vents et ses vagues, qui en ont font un terrain privilégié pour les compétitions de surf et de char à voile.

De la pointe de la Torche à Saint-Guénolé   `5 km` `1 h 15`

A Saint-Guénolé : 🏨 ⛺ ☕ 🛒 🍴 🚌

31 De la **pointe de la Torche**, le GR® emprunte le large chemin en retrait de la dune vive. On l'abandonne un peu plus loin pour une sente à droite (*laisser à gauche la chaumière et les pylônes de télécommunications*). Avant la haie de cyprès, voir le petit menhir de Toull Guin. Continuer tout droit par la sente jusqu'au poste de secours de Porz Carn. Le musée Préhistorique et ses mégalithes jouxtent le parking.

32 Poursuivre vers la pointe de Porz Carn. Retrouver le sentier côtier, entrecoupé de petites portions de routes. Voir au passage deux fours à goémon. Longer le mur de protection, à l'extrémité, contourner les maisons par la droite pour atteindre le port de **Saint-Guénolé**. (*Attention, il y a danger à s'aventurer sur les rochers, même par temps calme, une lame de fond peut surgir à tout moment et vous emporter au large*).

De Saint-Guénolé à Saint-Pierre   `2, 5 km` `40 mn`

A Saint-Pierre : 🏨 ☕ 🛒 🍴

33 A **Saint-Guénolé**, laisser la criée à droite et poursuivre ensuite entre les bâtiments industriels. La large allée sablée mène à la chapelle Notre-Dame de la Joie. Le chemin sablé, le long de la digue de protection, mène au port de Saint-Pierre, aux deux phares, à la chapelle et sa tour à feu et au sémaphore de **Saint-Pierre**.

De Saint-Pierre à Kérity   `2 km` `30 mn`

A Kérity : ⛺ ☕ 🛒 🍴

34 A **Saint-Pierre**, passer entre le sémaphore et la chapelle. Prendre la promenade à droite sur 400 m, puis le sentier côtier après un petit parking (*voir la stèle aux marins courageux "D'ar vartoloded kalonek"*). Le GR® sort en face d'un moulin à vent ruiné et parvient au port de **Kérity**.

Hors GR® pour **Penmarc'h** : `1,5 km` `25 mn`

A Penmarc'h : 🏨 ⛺ ☕ 🍴 🛒 🚌 ℹ️

De Kérity au Guilvinec   `6 km` `1 h 30`

Au Guilvinec : 🏨 ⛺ ☕ 🍴 🛒 🚌 ℹ️

35 A la dernière maison de **Kérity**, emprunter le passage à gauche et cheminer en contrebas de la dune protégée par des des ganivelles. Parvenir au niveau des viviers. Le GR® passe ensuite près d'une école de voile, puis de campings. Passer le monument des fusillés de Poul Guen. Traverser le terre-plein de Men Meur et, après 800 m dans la rue côtière, virer à droite (*face à la Société Frigorifique de Cornouaille*), pour parvenir au port du **Guilvinec**. Le GR® passe par la terrasse panoramique au-dessus de la criée (*La rentrée des bateaux de pêche s'effectue à partir de 16 h. Possibilité d'assister au déchargement des langoustiniers à partir de la terrasse. Les quais sont interdits au public*).

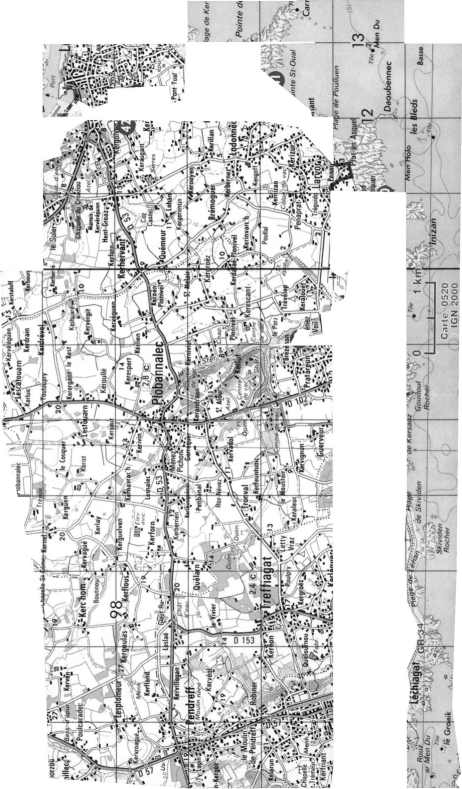

Carte 0520
© IGN 2000

Du **Guilvinec** à **Léchiagat** `1,5 km` `20 mn`

A Léchiagat : 🎫 ☕ 🛒 ✕ 🚌

36 Du port du **Guilvinec**, descendre à gauche après Haliotika, et longer à droite les ateliers de marée, puis franchir le pont. Continuer à droite jusqu'à la pointe de **Léchiagat**. *A marée haute, il est agéable d'utiliser la passerelle en bois.*

De **Léchiagat** à **Lesconil** `5 km` `1 h 15`

A Lesconil : 🎫 🛏 ⛺ ☕ 🛒 ✕ 🚌

Du port de **Léchiagat**, le GR® continue à gauche par la rue de la Pointe. A l'entrée de la rue des Dunes, monter sur une sente en sommet de dune, elle domine et longe la plage de Léhan (*voir en chemin le menhir mouillé dans la roselière*).

37 Après le parking de Léhan, poursuivre par le sentier sablonneux au pied de la dune. On rejoint le rocher Goudoul où se situent un amer et un ancien sémaphore, (*Office du tourisme de Lesconil*), puis la croix des Amoureux (*réplique de l'originale disparue au début du siècle et remontée par une association locale*).

38 200 m plus loin, à droite du sentier, dans la grève, on aperçoit un ancien lavoir. Passer entre les rochers, longer au plus près la côte pour parvenir au parking du port de **Lesconil.**

De **Lesconil** à **Loctudy** `10 km` `2 h 30`

A Loctudy : 🎫 ⛺ ☕ 🛒 ✕ 🚌 ℹ️

Du port de **Lesconil**, contourner la coopérative, prendre les rues Victor-Hugo et Romain-Rolland. 50 m plus loin, bifurquer à droite pour contourner l'anse. Monter tout droit, puis tourner à droite dans une impasse. Au bout, contourner la pointe pour rejoindre et traverser une petite grève. Par marée haute utiliser le muret.

39 Franchir le pont sur le "Stêr Lescon", poursuivre par le chemin de droite. Le GR® continue sur la digue puis utilise le sommet de la dune qui longe la plage des Sables Blancs pour atteindre le Cosquer. Descendre la dune à gauche. Par la rue des Sables-Blancs rejoindre et longer la grève jusqu'au parking et la rue du Traon. Continuer dans cette rue, suivie de la rue Pen-ar-But, et ensuite dans l'impasse Prat-an-Askel.

40 Au bout de l'impasse, descendre sur la plage, retrouver la sente, ensuite, par la grève, rejoindre la cale du petit port abri de Larvor. Sortir sur la route, virer à droite, 50 m plus loin, trouver une sente qui passe derrière une maison puis longe le haut de la plage de Poulluen. A 150 m, entrer dans un passage sablonneux entre maisons, et aussitôt à droite dans la rue de Kerloc'h, puis la rue Palue-de-Kerfriant. Continuer par la corniche de Penhador, pour atteindre la plage de Lodonnec.

Débarquement de la langoustine au port du Guilvinec, *photo A.L.B.*

Le quartier maritime regroupe d'Ouest en Est les ports suivants : Saint-Guénolé/Penmarc'h, Le Guilvinec Lesconil et Loctudy. Le Guilvinec est le quatrième port de pêche français, Saint-Guénolé/Penmarch le sixième et Loctudy le septième.

Les quatre ports, qui accueillent une flottille d'environ 350 bateaux, constituent le premier ensemble de pêche français par le chiffre d'affaires (129 millions d'euros).

Plus de 40 000 tonnes de poissons et crustacés ont été débarqués en 2001. Les principales espèces pêchées sont la lotte, la langoustine, le merlu, la raie et la cardine (ou limande).

La flottille bigoudène compte trois types de métiers :

- la petite pêche (190 unités) est pratiquée par des "canots" de moins de 12 mètres qui pêchent à la journée près de la côte et utilisent des casiers, lignes et filets.
Elle inclut les chalutiers langoustiniers longs de 12 à 17 mètres, qui partent pour la journée à moins de 40 milles du port et rapportent le crustacé vivant.

- la pêche côtière (32 unités) est pratiquée par des bateaux longs de 14 à 16 mètres qui s'absentent du port pour une durée comprise entre 24 et 96 heures. Ils travaillent en Mer Celtique nord Gascogne et ouest Bretagne.

- la pêche hauturière (126 unités) est pratiquée par des chalutiers et quelques fileyeurs d'une longueur comprise entre 15 et 26 mètres.
Ils pêchent dans les eaux irlandaises et anglaises et dans l'ouest Bretagne. Ils s'absentent du port pour des marées de 12 à 14 jours.

Les ports bigoudens offrent un spectacle permanent. Chaque jour, le poisson des navires hauturiers est débarqué de nuit et celui des côtiers en fin d'après-midi. La vente de la pêche hauturière sous criée a lieu le matin entre 6 et 7 heures, la vente des côtiers se déroule en fin d'après-midi entre 16 h 30 et 17 h 30.

Acheté par des mareyeurs, le poisson est préparé et mis en caisses dans les magasins de marée, dont la plupart jouxtent la salle de criée. Le poisson est ensuite expédié par camions réfrigérés vers les marchés d'intérêts nationaux et les centrales de distribution en France et à l'étranger, pour être sur les étals des poissonniers dès l'ouverture du lendemain matin.

La filière des produits de la mer constitue le premier secteur économique du Pays Bigouden : elle inclut, d'amont en aval, la construction navale et les équipementiers, les ateliers de réparation, les avitailleurs, les services du port et de la criée, le mareyage, le transport frigorifique, sans compter les conserveries pour la transformation du poisson. Cette activité portuaire et en aval, participe pour une part décisive à la vitalité du Pays bigouden.

Les ports de pêche constituent un pôle d'attraction pour les visiteurs. La meilleure façon d'apprécier la qualité des produits qui y sont débarqués, est de venir les déguster à la table des restaurateurs bigoudens.

Benoit Jubard

Retour de pêche à Loctudy, *photo A.L.B.*

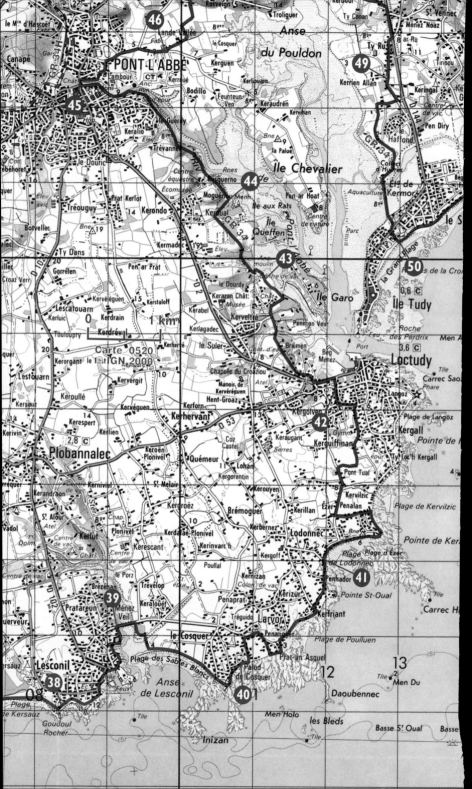

41 Par la route, puis un chemin empierré, aller à droite pour rejoindre la pointe de Kerafédé et emprunter à gauche le sentier côtier et la grève *(par grande marée, utiliser la route)*. Sortir rue Penland. Continuer tout droit, franchir la route pour le chemin rural en face. A 100 m, virer à droite dans le chemin vert qui aboutit à Istrevet ar Baranez. A droite, un chemin ramène à une route que l'on suit à gauche. Continuer à droite dans chemin mi-goudron mi-pierreux. Face à la première route, un chemin de terre longeant les ateliers municipaux, mène à une fontaine lavoir. Après 100 m de bitume, prendre à gauche sur 50 m. A droite, la rue Ty-Glaz débouche place de la Mairie à **Loctudy.**

De **Loctudy** à **Pont-l'Abbé**   7 km   1 h 45

A *Pont-l'Abbé* : 🏛 🛏 ⛺ ☕ 🛒 ✕ 🚌 ℹ️

42 De l'église de **Loctudy,** descendre sur le parking entre la mairie et l'Office de tourisme. Prendre la route à gauche et, au rond-point à droite, la petite rue de Kérilis. Elle se poursuit par un chemin empierré. Franchir le barrage de l'ancien moulin à marée du Suler. Laissant à gauche le village de vacances du château du Dourdy, on arrive au pont privé de l'île Garo.

43 Au pont, obliquer à gauche, traverser le parc du château en restant au plus près de la mer. Continuer le sentier jusqu'à trouver une route, laisser à droite le chemin d'accès à l'île Queffen (privé). Suivre la route, dans le virage, bifurquer à droite dans un sentier parmi les ajoncs qui mène aux abords du menhir mouillé de Pennglaouic.

44 Le GR® monte dans un bois et, tout droit, parvient à la Maison Blanche. Il suit le chemin de halage de la rivière de Pont-l'Abbé qu'il ne quitte plus jusqu'à l'arrivée au port de **Pont-l'Abbé**.

▶ Jonction avec le GR® 34H, décrit page 143.

De **Pont-l'Abbé** à **l'Île Tudy**   12 km   3 h

A *l'Île Tudy* : 🏛 ⛺ ☕ 🛒 ✕ 🚌 ℹ️

45 Avant le château de **Pont-l'Abbé**, franchir le pont, prendre le quai rive gauche. 200 m plus loin, obliquer à gauche, pour passer devant les vestiges de l'église de Lambour.

Les vestiges de cette église ne manquent pas d'intriguer. Elle daterait, en partie du 13e, en partie du 16e siècle. La flèche du clocher fut abattue en 1675, suite à la révolte des Bonnets Rouges.

Tourner à gauche dans le square, puis à droite devant le stade. Au rond-point, virer à droite et, au carrefour suivant, suivre à droite la direction de l'Île Chevalier sur 400 m.

46 Près d'une ancienne fabrique, emprunter la route de gauche qui devient chemin empierré au niveau de la ferme. Après 100 m, virer dans le chemin de gauche, puis dans celui de droite jusqu'à la route de Rosveïgn.

47 A droite, prendre la route sur 150 m puis celle de gauche sur 300 m pour tourner à droite vers Kerguz. Après 400 m, s'engager dans le chemin herbeux qui débouche sur la D 44 que l'on utilise à droite sur la piste cyclable.

48 Virer dans le premier chemin de terre à droite. Longer le fond de la ria du Pouldon puis, par la sente de gauche et le chemin herbeux encore à gauche, retrouver la route que l'on suit à droite. Continuer à droite sur la D 144. Après 400 m, virer à droite, passer Ty Ru.

49 Obliquer à droite dans la route du Haffond. Continuer tout droit entre les maisons, pour trouver un chemin vert et passer au milieu d'une ferme. Franchir la route pour un chemin de terre indiqué : "Sens interdit sauf riverains". A son extrémité le GR® s'engage à gauche sur la digue de l'étang de Kermor et aboutit à l'entrée d'un lotissement. Continuer sur 100 m, virer à droite et atteindre les commerces de **l'Île Tudy.**

De **l'Île Tudy** à **Sainte-Marine** 6 km 1 h 30

A Sainte-Marine :

En face du premier bar-restaurant de **l'Île Tudy**, s'engager dans la rue des Chardons bleus puis, par la gauche, rejoindre le littoral.

50 Après les enrochements, cheminer au pied de la dune, côté polders. A l'extrémité parvenir sur un parking que l'on prend à droite. On retrouve un large sentier qui domine une plage et mène à la pointe de Combrit, embouchure de l'Odet.

51 Suivre la route sur 150 m et, en face de l'accès au fort, descendre la sente qui mène au phare. Longer l'Odet pour aboutir au centre nautique. Traverser le parc, monter à gauche. A mi-côte, virer à droite, dans un chemin piétons. Remonter vers la route départementale que l'on suit à droite vers la chapelle du 15e siècle et le port de **Sainte-Marine.**

De **Sainte-Marine** au **pont de Cornouaille** 2 km 30 mn

52 Passer devant l'abri du marin de **Sainte-Marine**, monter les escaliers au pignon du café de la Cale et s'engager à droite dans la rue du Ménez.

53 A l'extrémité, prendre à gauche l'allée ombragée, puis à droite la rue de l'Odet, pour rejoindre la D 44. Emprunter à droite la berme de la départementale, jusqu'au pont de Cornouaille *(ne pas traverser, danger).*

▶ Jonction avec le GR® 34H, décrit page 143.

A Bénodet : 🗓 🛏 ⛺ ☕ 🛒 ✕ ℹ 🚌

54 Franchir le **pont de Cornouaille** par la droite. A l'extrémité, descendre à droite par le large sentier, puis à gauche par la sente qui mène au site de Beg ar Vir. Au carrefour suivant, tourner à gauche puis à une large allée, à droite. A marée basse, descendre les marches à gauche, avant l'habitation. Suivre la sente au niveau de l'estran jusqu'à la deuxième anse.
Si la marée ne le permet pas, remonter la large allée et, à la route, obliquer à droite. Dans les deux cas, poursuivre par la route jusqu'aux îlots directionnels.

55 Continuer à droite et, dans le virage, bifurquer dans le sentier le plus à droite. Poursuivre dans le bois, passer en contrebas de la résidence de Penfoul. Le sentier rejoint ensuite la côte et la longe jusqu'au port de plaisance. Emprunter les passerelles pour arriver à l'église de **Bénodet**.

De Bénodet à Mousterlin   `11,5 km` `2 h 50`

A Mousterlin : 🗓 ⛺ ☕ 🛒 ✕

A **Bénodet**, emprunter sur 300 m la route, suivie de la promenade qui débouche sur la plage. Continuer sur le trottoir pour retrouver la promenade et parvenir à la pointe de Groaz Guen.

56 Longer la plage sur 300 m et virer dans la première route à gauche. A 120 m, continuer à droite par le chemin de Kerhos. Couper la route pour un chemin de terre, puis une autre route. A l'extrémité, bifurquer à droite, 100 m plus loin, à droite vers le Letty. Virer à gauche pour revenir au rond-point de la route de Fouesnant.

57 A droite, utiliser la piste cyclable. Prendre à droite la direction de Kerguell, puis remonter Carn Palu à gauche. Poursuivre par Gwarem Vras. Parvenir à un croisement.

▶ La chapelle Saint-Sébastien se trouve en face à 200 m.

58 Prendre à droite, suivre l'impasse de Hent Leurbrat jusqu'au village. Descendre le chemin sur la gauche, franchir le ruisseau. Remonter le sentier en face puis, redescendre à droite en direction de l'anse.

59 Traverser un second ruisseau remonter à gauche le chemin creux. Bifurquer à droite, pénétrer dans le chemin creux de gauche jusqu'à Kerouen *(propriété privée, passage autorisé aux piétons)*. Virer à droite et, après la passerelle, tourner dans le large chemin à gauche, poursuivre à droite dans la sente entre les ganivelles, puis en haut des dunes de la plage de Kerler. A l'extrémité parvenir à **Mousterlin.**

De **Mousterlin** à **Beg Meil**
`5 km` `1 h 15`

A Beg Meil : 🏠 🏕 ☕ 🛒 ✕ 🚌

60 De **Mousterlin**, longer le bord de mer pour contourner la pointe. A droite, se diriger vers un camping pour trouver une sente en terre qui traverse le marais de Mousterlin. Au village "Le Renouveau", prendre tout droit sur 1 km. Franchir un pont de bois, continuer le long des ganivelles. A l'hôtel, un chemin creux mène à **Beg Meil.**

De **Beg Meil** au **Cap Coz**
`4,5 km` `1 h 10`

Au Cap Coz : 🏠 🏕 ☕ ✕

A **Beg Meil**, monter à gauche, puis à 30 m, le chemin de droite. Suit une sente puis un large chemin. Franchir une route, aller dans le chemin en face. Trouver à gauche au fond du parking un sentier. Laisser à droite la plage des Pyramides. Le sentier longe la côte, passe "la Roche Percée" (formation naturelle) et le long de la falaise sous les chênes et les châtaigniers, puis débouche sur le parking de la plage de Lantecost.

61 Le GR® continue le long du littoral, passe la plage de Bot Conan et débouche sur une route que l'on suit à droite pour parvenir au village de **Cap Coz.**

Du **Cap Coz** à **Port la Forêt**
`4 km` `1 h`

A Port la Forêt : 🏕 ☕ 🛒 ✕

Au **Cap Coz**, continuer dans la rue principale et prendre à gauche la route de l'anse de Penfoulic. Descendre à gauche, longer l'estran, utiliser ensuite la grande digue qui ferme les étangs.

> Hors GR® pour **Fouesnant** : `1,5 km` `25 mn`
>
> *A Fouesnant :* 🏠 🏡 🏕 ☕ 🛒 ✕ ℹ️ 🚌

62 A l'extrémité de la digue, le GR® prend par l'estran (ou le bois à marée haute) et ressort sur la corniche de la cale. Utiliser la route sur 400 m, et s'engager à droite sur l'aire de stationnement.

> Hors GR® pour **La Forêt-Fouesnant** : `500 m` `10 mn`
>
> *A la Forêt-Fouesnant :* 🏠 🛏 🏕 ☕ 🛒 ✕ 🚌 ℹ️

Le Cap Coz (le Vieux Cap en breton) est un étroit cordon de sable qui se termine à l'est par un petit îlot rocheux. Son profil a très sensiblement varié depuis 1840, sous l'effet de modifications successives de la dynamique de la houle.

En effet, si le cadastre de 1840 dessine le Cap Coz en trait continu, une carte de l'atlas du Ministère de l'Intérieur, levée entre 1850 et 1880, montre que le Cap Coz s'est rompu et qu'il n'est plus relié au continent.

Un autre plan des Archives Départementales montre, avec certitude, que le cordon était en fait reformé en 1878. Cette émersion du Cap Coz serait la conséquence de la modification de l'hydraulique, par les endigages réalisés à Penfoulic. La vieille digue (1840) et la grande digue (1871) seraient les principales responsables de la consolidation du Cap Coz. En soustrayant un important volume d'eau à la chasse de la marée descendante, elles ont diminué l'érosion. Le sable s'est alors déposé pour engraisser la barre, encore immergée, qui était en train de se construire sous l'action de la houle. Ce phénomène s'est auto-amplifié pour aboutir à la reconstitution du Cap Coz.

L'abri ainsi formé au nord de la barre a favorisé le dépôt de vase, pour constituer un milieu particulièrement riche sur le plan écologique.

L'urbanisation du Cap Coz est assez dense et relativement récente : un plan de 1901 montre un cordon très étroit sans construction, sauf à la pointe, comme on peut déjà le voir sur le cadastre de 1840.

Le Cap Coz, qui ferme la baie de la Forêt, est très protégé des vents dominants par la pointe de Beg Meil. Il reste, en revanche, très exposé aux vents de sud et sud-est. Ainsi, il n'est pas rare encore aujourd'hui que les eaux passent par-dessus le cordon à l'occasion de fortes tempêtes d'hiver.

Thierry Lacombe, d'après
"Promenades et découvertes sur le littoral
Fouesnantais" de André Darte

Le Pavillon chinois, *photo F.Q., SEM de Fouesnant.*

Le marais est une serre à forte production végétale.

Outre les plantes du schorre, le phytoplancton, comparable à l'herbe des prairies, est au départ des chaînes alimentaires. Il se développe à merveille sur les marais littoraux car, en sus du gaz carbonique indispensable à la prospérité des végétaux, les trois éléments (sels minéraux nutritifs, énergie lumineuse et température) nécessaires à la vie se combinent au mieux.

Ainsi, pendant les trois ou quatre heures où la Mer Blanche est remplie, le plancton se développe et, à marée descendante, il va enrichir les eaux côtières.

Le marais est un "self-service" bien garni.

Pendant la marée montante, c'est l'heure du repas pour le zooplancton qui vient "brouter la prairie flottante" mais aussi pour les céphalopodes (calmars, seiches) ou les jeunes poissons (sardines, anchois, maquereaux...) qui mangent aussi bien le phytoplancton que le zooplancton.

Les poissons plats, mulets, bars ou daurades trouvent également leur bonheur, au ras du sol, en se nourrissant de toute la faune sortie du sable ou de la vase dès que la mer arrive.

Le marais est un abri

Les alevins sont dans les chenaux du schorre où ils montent avec la marée. Le risque pour eux est de rester bloqués à marée descendante dans une mare trop petite. Les nombreux oiseaux présents sur le site seront alors des prédateurs redoutables.

Aigrette garzette, *photo C.P.*

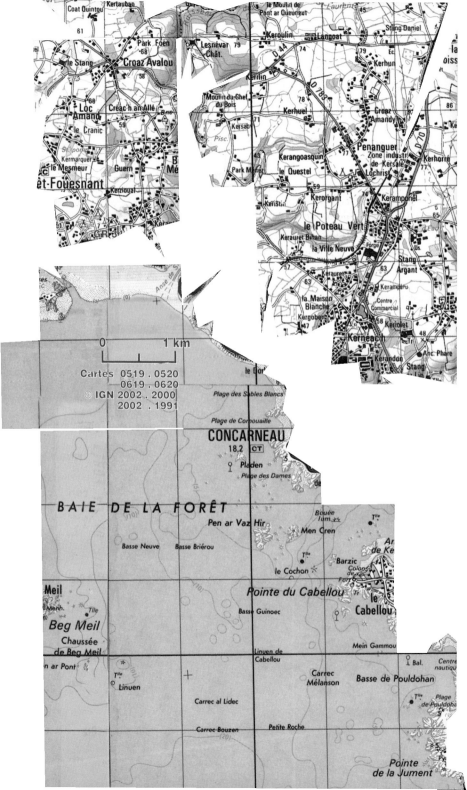

63 A droite, emprunter la passerelle, et au bout de la digue, prendre l'allée de droite qui mène à **Port la Forêt**.

De **Port la Forêt** à **Concarneau** `12 km` `3 h` ▭

A Concarneau :

A **Port la Forêt**, prendre à droite et, par la zone portuaire, rejoindre la plage de Kerléven. Suivre en bordure de plage. Par une rampe, accéder à la falaise et au sentier côtier qui traverse le camping Saint-Laurent, pénètre dans un bois et ressort au fond de l'anse de Saint-Laurent.

64 Le GR® vire à droite s'enfonce dans le bois de Saint-Jean. Au fond de l'anse, reprendre à droite le sentier suivi d'un chemin qui mène à la plage des Sables Blancs, et au centre de **Concarneau**.

De **Concarneau** au **Cabellou** `5 km` `1 h 15` ▭

Au Cabellou :

A **Concarneau**, traverser la Ville Close, descendre vers la cale, utiliser le bac pour traverser le port et gagner le lieu dit le Passage.

65 Tourner à droite, dépasser l'abri du marin pour trouver le sentier piétonnier qui longe la côte, puis le parc du Porzou, pour parvenir sur la place de Douric ar Zin. Vers les arbres, vire à droite, emprunter le passage piétons qui continue la rue Paul-Gauguin et du Galion. Virer dans la rue Terre-Neuvas, puis l'impasse du Drakkar. Un sentier mène avenue du Cabellou. Avant le terrain de Rugby, obliquer à droite, trouver le sentier côtier qui mène à la plage du **Cabellou.**

Port de Concarneau, *photo A.L.B.*

Concarneau ! un nom qui résonne comme un cri de ralliement. Cri de guerre des gens d'armes qui y tinrent place forte, ou cri de joie des vacanciers retrouvant la plage, le port et la Ville Close.

La Ville Close, forteresse imprenable plongeant dans la mer, c'est d'abord ce que découvre le visiteur en débarquant à Concarneau. Murailles datant pour partie du 14e siècle, remaniées plus tard par Vauban, qui connurent au fil des alliances et des guerres, des garnisons bretonnes et anglaises, catholiques et huguenotes.

Peu de récits véritables de combats au pied de ces murs, mais à maintes reprises, des coups de main et des ruses, seuls moyens de s'emparer de la place. La chronique se souvient par exemple, du connétable du Guesclin, obligé de percer le pied des remparts pour en chasser l'occupant anglais.

Classée quatrième place forte de Bretagne, Concarneau fut longtemps l'objet de bien des convoitises : barrière contre les envahisseurs venus de la mer, elle constituait aussi un pôle clé contrôlant la navigation entre Brest et Lorient.

A partir du 18e siècle, l'évolution de l'art de la guerre lui fera perdre de son importance, mais de petites garnisons y séjourneront encore, y compris lors de l'occupation allemande de 1939 à1944, le port abritant quelques unités de la Kriegsmarine.

Aujourd'hui, les remparts sont rendus à la promenade et permettent quelques jolis points de vue sur les ports et la ville.

Michel Guéguen

La Ville Close, *photo M.G.*

La pointe du Cabellou, *photo A.L.B.*

L'un des premiers ports de France pour la valeur du poisson débarqué, malgré les difficultés économiques actuelles, Concarneau est aussi le premier port européen pour la pêche du thon. C'est la nuit, ou plutôt le matin, qu'il faut visiter le port, au moment où l'on débarque, où l'on trie le poisson pour vraiment comprendre la raison de vivre de cette cité entièrement tournée vers la mer.

L'essor des conserveries, au milieu du 19e siècle fera la richesse de la ville. D'abord port sardinier, armant plus de cinq cents chaloupes, elle deviendra port thonier au début du 20e siècle. Bientôt, une trentaine de "friteries" emploieront femmes et enfants de la région.

Rapidement, les conserves concarnoises seront connues dans le monde entier. Mais à partir des années cinquante sonne le glas de l'industrie locale. Il ne reste plus que trois conserveries de poissons importantes, qui ont adapté leurs installations aux normes européennes.

Mais, Concarneau, c'est aussi la ville des vacances avec des plages de sable fin par dizaines tout autour de la baie, sans marinas ni parasols standardisés. Ici, chacun peut profiter de la mer à sa guise sans risque ni contrainte. Quant aux loisirs et visites possibles dans les environs, ils sont nombreux et variés : randonnées sur sentiers de corniche, chapelles et manoirs, villages traditionnels et fêtes locales.

Et puis comment ne pas être envoûté par cette Ville Close où les marchands de souvenirs ont remplacé les familles de pêcheurs et de notables d'antan. Elle garde le pittoresque de ces lieux où les badauds, par milliers, semblent accomplir un éternel pèlerinage à la mémoire du passé.

Michel Guéguen

Du **Cabellou** à **la pointe de Trévignon**

A la pointe de Trévignon :

Au **Cabellou**, continuer par l'allée des Genêts d'Or, puis l'allée des Fleurs d'Ajonc. A droite, par la rue des Tamaris, rejoindre le littoral.

66 Le sentier, tantôt en falaise, tantôt au niveau du rivage, traverse plusieurs criques pour rejoindre l'anse du Moulin Mer. Franchir la passerelle. Le sentier débouche sur la route au village de Grignallou. Après 100 m de route, tourner à droite dans une sente dans les pins, qui se prolonge par le sentier côtier. Il ressort sur un parking et descend à droite vers la mer.

67 Virer à gauche, déboucher sur le parking de Ster Greich et franchir un ruisseau. Le sentier se prolonge en bordure de champ et parvient à une cale. Continuer sur la route et en face du centre nautique et retrouver le sentier côtier. Franchir un ruisseau, longer la crique de Pors Breign, contourner la plage de Pouldohan et poursuivre sur la côte basse jusqu'à la pointe de la Jument.

68 Après 300 m entre parking et dune, retrouver le sentier du littoral qui longe les étangs de Trégunc. Il parvient ainsi à la maison du Littoral. Par la route, en dix minutes, parvenir au port de la **pointe de Trévignon.**

Port de Trévignon, *photo A.L.B.*

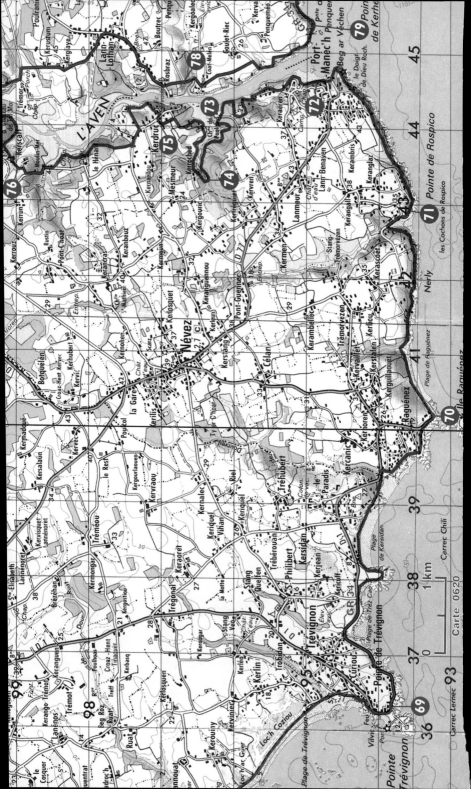

De la pointe de Trévignon à Raguénez   `5,5 km` `1 h 20` ▭

A Raguénez : ▦ 🛏 🏕 🍷 ✕

69 A la **pointe de Trévignon**, poursuivre par la route. Au niveau de la deuxième route, rejoindre le sentier côtier pour cheminer en bordure de grève. Longer ainsi, la plage de Trez Cao. Contourner la pointe de Kerjean. Dominer la longue plage de Kersidan puis celle de Dour Veil (*chambres d'hôtes*) pour parvenir à **Raguénez.**

De **Raguénez** à **Rospico**   `3 km` `45 mn` ▭

A Rospico : 🏕 🍷 ✕

70 Du parking de **Raguénez**, rejoindre le sentier du littoral qui domine la plage, traverse une petite anse de sable et retrouve la falaise qui mène à la route de **Rospico.**

De **Rospico** à **Port-Manec'h**   `3 km` `45 mn` ▭

A Port-Manec'h : ▦ 🛏 🍷 🛒 ✕

71 A **Rospico**, contourner la pointe puis longer la plage par le sentier en sur-plomb. Passer dans les propriétés pour ressortir entre landes et falaises. Après quelques passages escarpés, on laisse à droite un gros rocher appelé "Le Doigt de Dieu". Le GR® descend par un escalier à l'extrémité du terre-plein de **Port-Manec'h.**

De **Port-Manec'h** à **Kerdruc**   `5,5 km` `1 h 20` ▭

A Kerdruc : 🍷 ✕

Longer le terre plein de **Port-Manec'h**, puis monter sur la route de droite. 100 m plus loin, dans un virage, tourner à droite dans le large sentier qui mène à la plage.

72 Contourner la plage par la route qui passe entre les propriétés, jusqu'à la cor-niche de Pouldon. Suivre vers la cale sur l'Aven. Virer à gauche dans une sente en contre-bas d'une chaumière, franchir un petit pont. Cheminer entre haies et mure-tins, couper un chemin, puis retrouver un bois et les bords de l'Aven (*vue sur le Château de Poulgwin du 16e siècle*).

73 Couper la route d'accès, pénétrer dans un bois. Par la sente de droite, suivre jusqu'à l'Aven. Retrouver le sentier côtier qui passe derrière une installation conchy-licole. En fond de crique, par une passerelle, le sentier mène à l'anse de Kerroched.

Qui ne connaît pas, au moins de renom, les chaumières bretonnes ? A Névez ou Trégunc, cachées ici où là, elles possèdent un charme particulier et tout à fait inattendu, car elles sont édifiées en "min zao" traduction française "pierres debout". Si vous avez séjourné dans le Devon ou en Galice, vous avez pu en découvrir. En centre Grande Bretagne, il existe également quelques constructions de ce type, mais uniquement en schiste. Dans nos deux communes elles ont été réalisées en bon granit du cru et il s'agit là d'une architecture qui n'a été répertoriée en aucune autre région.

Les pierres, pouvant atteindre 2, 70 m de hauteur, sont taillées en rectangle pour une largeur de 30 à 50 cm et une épaisseur d'environ 25 cm. Placées dans une tranchée de 50 cm, les interstices sont comblés si nécessaire par un mortier de terre. Les pignons sont généralement en moellons mais peuvent être réalisés également en pierres debout, donc sans le couronnement triangulaire, auquel cas, le toit de chaume est à quatre versants. Pour les fenêtres, il suffit de définir leur emplacement par des pierres de moindre hauteur. S'il s'agit d'une maison de ferme, la crèche aux vaches ou aux cochons, toujours de même facture, peut venir s'y greffer. Le sommet des pierres est recouvert d'un épistyle en bois, lequel reçoit l'empoutrement recouvert d'une épaisse couche de chaume, en l'occurrence de la paille de seigle, plus résistante que celle de blé ou d'avoine.

Cette architecture, très particulière, s'insère parfaitement dans le paysage où le granit affleure à tout moment, et où, de surplus, de nombreuses parcelles cultivées sont clôturées selon la même technique, avec cette différence que les pierres ne dépassent pas un mètre et qu'elles ne sont pas jointoyées.

La matière première ne faisait pas défaut. Bien qu'ils aient été largement exploités, les énormes blocs erratiques de granit sont encore légion dans les campagnes et, à l'époque, les cultivateurs étaient très heureux de les vendre pour s'en débarrasser. De plus Névez possédait une dizaine de carrières. Si elles ne sont plus exploitées, on en distingue encore les vestiges à Kerroched (au bord du GR® entre Port-Manec'h et Kerdruc) ainsi d'ailleurs que les ruines de cinq quais d'embarquement. Le granit de Névez était en effet réputé et a servi à différentes constructions dans les villes de Brest, Lorient, Nantes, Bordeaux, ainsi qu'à l'édification de la citadelle de Port-Louis, dans le Morbihan.

Obtenir des blocs de pierre d'une parfaite régularité demandait une maîtrise du métier de fendeur, pratiqué bien évidemment par les tailleurs de pierre, qui recevaient en hiver le renfort des paysans et des pêcheurs locaux.

Certaines constructions pourraient remonter au 17e siècle, mais les dates relevées sur la plupart d'entre elles vont du début du 19e jusqu'au 20e siècle.

En cheminant sur le GR®, vous pourrez rencontrer des clôtures en pierres debout. Par contre pour découvrir les habitations, il faudra emprunter des chemins secrets et : à Trégunc, entre la pointe de la Jument et la pointe de Trévignon, à Kerdalé, Kerouini, ou Kerlin. A Névez, le village de Kerhascoët, qui a conservé toutes ses chaumières, est un site incontournable à visiter pour qui séjourne dans le pays des Avens.

Ce village se trouve sur le PR® "Circuit des chaumières". Les hauteurs de Port-Manec'h possèdent aussi quelques spécimens parmi les mieux conservés.

Hélas, une grande partie de ce patrimoine a disparu et seules subsistent quelques dizaines de maisons ou de fermes dans ce type d'habitat.

Aussi, c'est tout à l'honneur des communes de Névez et Trégunc d'avoir mené une action de sauvegarde et établi un dossier qui leur a permis d'obtenir, en 1993, du Ministère de l'Environnement, le label grandement mérité de "Paysage de Reconquête".

Jean Penn
d'après le dossier
"Les pierres debout de Névez"
réalisé par l'O.T. de Névez

Murets en pierres debout, *aquarelle A.C.*

74 S'engager sur une nouvelle passerelle, virer à droite, le GR® longe un muretin, passe deux criques, franchit un ru, utilise le chemin montant à gauche. Couper une route, en face un chemin de terre rejoint dans un croisement le chemin dit "des Vieux Fours" qui mène au rond-point de la route de Névez à Kerdruc.

De **Kerdruc** à **Pont-Aven** `5 km` `1 h 15`

A Pont-Aven :

75 A **Kerdruc**, prendre tout droit dans une impasse. 100 m plus loin, tourner à gauche dans la sente qui longe l'Aven, passe dans une lande, pénètre dans un champ, monte à gauche d'une haie. Rejoindre la départementale que l'on prend à droite sur 150 m. Au parking, virer à droite, retrouver les rives de l'Aven *(vue sur le château du Hénant)*. Rejoindre une route, que l'on monte sur 400 m. Virer à gauche vers Kerscaff Huella.

76 Prendre un sentier à gauche, traverser Kerscaff Izella. Cheminer entre les bâtiments. Au large chemin, obliquer à droite. 100 m plus loin, une sente qui longe les rives boisées de l'Aven mène à **Pont-Aven.**

De **Pont-Aven** à **Rosbraz** `5 km` `1 h 15`

A Rosbraz :

77 Franchir le pont de **Pont-Aven**. Suivre à droite la rue Brizeux, puis suivre le sentier longeant la rive gauche de l'Aven jusqu'au village de Kergourlet. Par la route rejoindre un carrefour de voies. S'engager à droite et cheminer plein sud sur la route communale. Traverser Lann Lothan et ses belles chaumières. Par la route en restant toujours à droite rejoindre **Rosbraz.**

De **Rosbraz** à **Bélon rive droite** `6 km` `1 h 30`

A Bélon rive droite :

78 A l'extrémité sud du port de **Rosbraz**, un chemin conduit à une route, obliquer à droite. En route laisser le chemin d'accès à la côte, il est sans issue. Au niveau de Goulet-Riec, virer à droite, pour trouver le sentier côtier qui mène à la pointe de Penquernéo.

79 Le GR® quitte la ria de l'Aven pour celle du Bélon. A droite, une sente rejoint le sentier côtier qui conduit au port de **Bélon rive droite.**

De **Bélon rive droite** à **Bélon rive gauche**   17 km   4 h 15   ▭

A Bélon rive gauche : ☕ ✕

80 A **Bélon rive droite,** monter la route et, dans le premier virage, prendre le sentier à droite. Traverser une route pour un chemin creux en face. A son extrémité, tourner à droite dans un nouveau chemin et continuer sur une trace herbeuse entre deux champs. En face un chemin serpente dans une lande à droite d'un talus, rejoint le sentier côtier qui longe le Bélon pour atteindre le fond de la ria à Moulin Edouard.

> **Hors GR®** pour **Riec-sur-Bélon** : 1,8 km   30 mn
>
> *A Riec-sur-Bélon :* ▦ ⛺ 🛏 ☕ 🛒 ✕ i 🚌

Riec-sur-Bélon est la capitale de l'huître de Bélon. Le gastronome Curnonsky fit de nombreux séjours chez Mélanie et rendit célèbre cette cuisinière de talent. Aujourd'hui dans son ancien hôtel, "l'Espace Mélanie" présente une intéressante exposition sur l'ostréiculture, de ses débuts à nos jours.

81 Franchir la digue et reprendre à droite. Après 100 m de route, le sentier descend à droite dans un champ, le longe par le bas avant de s'engager dans l'anse de Saint-Léger. Il double la chapelle et la fontaine de même nom et débouche sur la route à la Porte Neuve. Couper une route, pour retrouver un sentier ombragé qui mène vers le fond de l'anse de Keristinec. A droite, la route mène au Pont Guily, après un parcours de 2,2 km environ *(attention route très passante).*

82 Aussitôt après le pont, sur un parking, une sente en sous-bois rejoint le sentier côtier. Il passe l'anse de Saint-Thumette, puis entre dans l'anse de Lanrior.
Dès la pointe doublée, à gauche un chemin mène à une belle allée couverte située dans un champ. Poursuivre sur le sentier côtier jusqu'au port de **Bélon rive gauche.**

Ria de Brigneau, *photo A.L.B.*

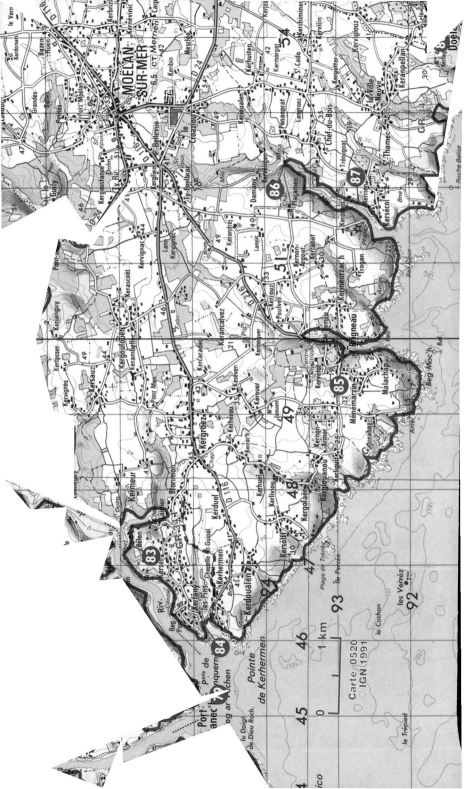

Du Port de Bélon à Kerfany-les-Pins   `2,5 km` `40 mn` ▬

A Kerfany-Les-Pins : 🏕 🍺 🍴
A Blorimond (hors GR) : 🏨 🍺 🍴

83 A l'extrémité de la cale de **Bélon rive gauche**, monter l'escalier pour rejoindre le sentier côtier. Parvenir à la Pointe de Min-Briz. Poursuivre le sentier qui passe à gauche d'une table d'orientation avant d'atteindre la plage de **Kerfany-les-Pins**.

▶ Jonction avec le GR® 341 vers Quimperlé (*43 km*). Description page 149.

De **Kerfany-les-Pins au port de Brigneau**   `7 km` `1 h 45` ▬

A Brigneau : 🍺 🛏 🍴

84 A **Kerfany-les-Pins**, contourner la plage, Monter la rue des Chèvrefeuilles. Au sommet, virer à gauche dans un chemin empierré pour retrouver le sentier du littoral. Après une succession de criques par un escalier, il descend sur le port de **Brigneau**.

Du **port de Brigneau au port de Merrien**   `8,5 km` `2 h 10` ▬

A Merrien : 🛏 🍺 🍴

85 A **Brigneau**, monter la route et virer à droite. Le sentier côtier longe puis contourne la ria pour revenir rive gauche. Il poursuit à travers landes (*attention au feu*). Parvenir à l'anse de Poulguen. Le sentier pénètre dans la zone naturelle protégée de Merrien. A la pointe de Houard, à 100 m du sentier, se dresse un ancien corps de garde. Continuer de longer la ria jusqu'à Moulin l'Abbé.

86 Filer tout droit par un sentier, suivi d'un route communale. Franchir le pont, toujours sur sentier, revenir à droite le long de la ria jusqu'au port de **Merrien**.

Du **port de Merrien à Doëlan rive droite**   `5,5 km` `1 h 50` ▬

A Doëlan rive droite : 🍺 🍴 (*en saison d'été*)

87 A **Merrien**, le sentier repart au bout de la cale, passe les anses de Porz-Bali, Porz Chinec, Porz Teg, Porz Lama, Port Blanc et la pointe Beg-an-Tour. Pour éviter le long tour de la pointe, prendre la route pour retrouver le port de **Doëlan rive droite**.

De **Doëlan rive droite** à **Doëlan rive gauche** 2 km 30 mn

A Doëlan rive gauche :
A Croaz ar Gall à 3 km sur le GR® 341 :

88 Suivre la cale, pour retrouver le sentier qui se faufile entre un restaurant et la mer pour contourner l'anse. Utiliser le sentier côtier, puis la route communale pour parvenir au port de **Doëlan rive gauche.**

De **Doëlan rive gauche** au **Pouldu** 7 km 1 h 45

Au Pouldu :

89 Après l'usine de **Doëlan rive gauche,** prendre la sente qui longe la Maison rose. Retrouver le sentier du littoral qui longe la côte déchiquetée, passe la crique de Pors Guen. Le GR® contourne une pointe, longe la plage de la Roche Percée *(du nom du rocher),* parvient au gouffre de Toul Douar, puis longe l'anse et la vallée profonde de Port Sach.

90 En sortant de la crique *(point de vue sur la pointe de Ploemeur et l'Ile de Groix),* le sentier conduit aux côtes sablonneuses aux couleurs ocre, dues aux dépôts ferrugineux. Traverser la plage de Kerroux, reprendre sur la dune. Contourner la plage de Bellangenet, et toujours par le sentier longeant la dune, parvenir à l'Office de tourisme du **Pouldu.**

Du **Pouldu** au **pont de Saint-Maurice** 7 km 1 h 45

91 Au **Pouldu,** poursuivre vers les commerces. Toujours à droite, une route et un chemin de terre mènent au sentier côtier. Descendre au port. Retrouver le GR® qui domine la Laïta, passe au refuge de Porsmoric, continue sur une chaussée en digue et parvient au **pont de Saint-Maurice.**

▶ Jonction avec le GR®34E. Description page 93.

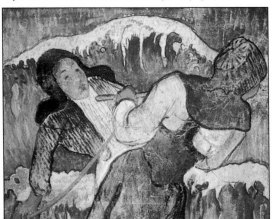

Gauguin
Pêcheurs de goémon,
collection Musée Marie Henry,
le Pouldu.

Du pont de Saint-Maurice au Bas Pouldu   `4 km` `l h 00`

Au Bas Pouldu : ▦ ⛵ ⛺ ☕ ✕

92 Franchir le **pont de Saint-Maurice** sur la Laïta par la départementale *(D 224 en Finistère, D 162 en Morbihan).* A la sortie du pont, bifurquer à droite dans le sentier côtier, rive morbihannaise. Il rejoint une route à la sortie du village de Beg-Nénez.

93 Prendre à gauche et traverser la digue de l'étang pour retrouver le sentier, puis un large chemin. Monter celui-ci sur 50 m et obliquer à droite. On retrouve le sentier qui atteint le **Bas Pouldu**.

▶ A 500 m, chapelle Notre-Dame de la Pitié.

Du **Bas Pouldu** au **Fort-Bloqué**   `5,5 km` `l h 20`

Au Fort-Bloqué : ▦ ⛵ ⛺ ☕ 🛒 ✕

94 Au **Bas Pouldu**, longer la côte sur 200 m. Traverser la route côtière et monter à gauche dans le vallon du Pouldu *(jardin public)*, pour déboucher à l'arrière du village de Kerhoat-Ellé. Au carrefour, prendre à droite la C 8 puis encore à droite le chemin de terre. Avant la route côtière, tourner à gauche direction est, dans un terrain, puis direction nord-est dans le chemin qui retrouve la C 8.

95 Contourner l'étang du Loc'h. Dans le virage, bifurquer à droite dans un chemin de terre.
Le fort du Loc'h, classé monument historique, a été bâti de 1756 à 1758. Il était destiné à protéger la côte d'un débarquement tel celui des anglais en 1746. Mais il était prévu surtout pour assurer la défense du port de Lorient pendant la guerre de sept ans.

Après 100 m, s'engager dans la voie charretière pour atteindre le village de la Villeneuve Troloc'h, puis à droite sur une route. Après 400 m, prendre à gauche le chemin de terre, suivi d'un passage à travers dunes et landes sur 1,4 km en contournant l'arrière du camping Pen ar Malo et laissant à gauche le camping de la Plage. Franchir la D162 et suivre la route jusqu'aux résidences de **Fort-Bloqué**.

L'ancien fort de Kéragan (ou Fort-Bloqué) se situe sur un îlot entouré de rochers. Il fut construit en 1745.

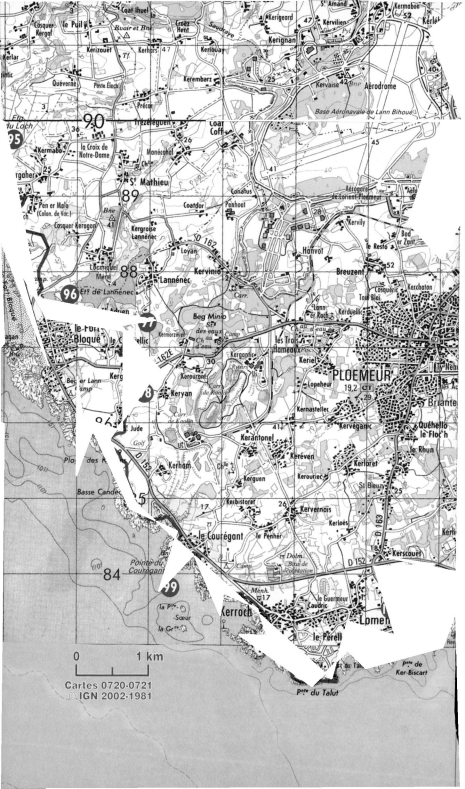

Cartes 0720-0721
© IGN 2002-1981

Du Fort-Bloqué au Courégant   `6,5 km` `1 h 40`

Au Courégant : 🛏 ⛺ ☕

96 Au **Fort-Bloqué,** prendre à gauche le large passage de terre en contournant les résidences et longer les berges de l'étang de Lannénec, pour parvenir au village de Saint-Adrien *(fontaine et lavoir).*

97 Par la droite, gravir la lande qui domine l'étang *(vue d'ensemble sur l'étang et la côte).* Par le chemin de droite, continuer jusqu'au dolmen de Cruguellic *(dolmen à cellules latérales en forme de croix de Lorraine).* Traverser le village et, à sa sortie, bifurquer à gauche puis à droite pour contourner le hameau de Kergoat.

98 Couper la D 162 E pour prendre en face la petite route qui mène aux villages de Saint-Simon et Saint-Jude.

La chapelle de Saint-Jude du 17e siècle, qui possède une statue de sainte Ninnoc, sépare les deux hameaux.

Suivre à gauche le sentier côtier jusqu'au mur antichar et contourner la pointe pour revenir au port de **Courégant.**

Du Courégant à Lomener   `6 km` `1 h 30`

A Lomener : 🏠 🛏 ⛺ ☕ 🛒 ✕

99 Depuis **Courégant,** continuer sur le sentier côtier qui passe dans l'agglomération de Kerroc'h, petit port dans l'anse de Port Blanc.

Au delà, dans l'anse de la Roche Quinio, on aperçoit à marée basse, les croix de Port Foll, sculptées dans les rochers, qui demeurent une énigme.

Au niveau du vieux fort, prendre le chemin de gauche sur 100 m pour parvenir à l'entrée du fort du Talud datant de 1878.

Le fort n'est pas visible. Il est constitué d'un ensemble de "trois as de pique", dissimulé derrière une levée de terre clôturée.

Bifurquer à droite pour atteindre l'anse de Perello puis le port Fontaine et parvenir au port et à la station de **Lomener.**

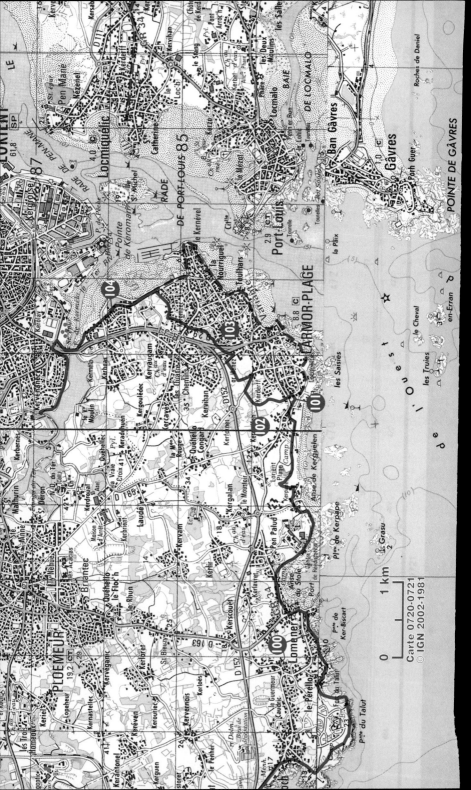

Carte 0720-0721
© IGN 2002-1981

0   1 km

A Lorient :

(100) De **Lomener**, longer l'anse du Stole avant d'atteindre la digue, puis traverser le centre de Kerpape. A la sortie de la propriété, suivre la côte sur quelques mètres, puis contourner les habitations par un passage de terre, avant de déboucher chemin du Zornic. Prendre à gauche puis aussitôt à droite un chemin de terre jusqu'au centre nautique et traverser le parc de Kerguélen, parallèllement à la plage.

▶ *Deux possibilités pour rejoindre Lorient : suivre le GR® 34 ou passer par Larmor-Plage (tracé en pointillé sur la carte, non balisé, plus long de 1,5 km, description p. 91).*

(101) Le GR® 34 continue à gauche sur 100 m, puis traverse le boulevard de Kerguélen. Tourner à droite puis à gauche. Franchir le ruisseau de l'étang des Roseaux et longer celui-ci dans un chemin de terre stabilisé entre les bosquets. A la deuxième chicane, bifurquer à gauche et abandonner le chemin au profit d'un passage réservé aux piétons.

(102) Tourner à droite vers le camping, puis virer à droite sur la C 18. Après 100 m, dans un virage, bifurquer à gauche dans un chemin de terre pour parvenir au lotissement du Vieux Moulin. Traverser le boulevard Kennedy, au large terre-plein central et s'engager en face vers Kerblaisy, puis la rue des Lavoirs *(les anciens lavoirs se trouvent à droite).*

(103) Dans le virage, emprunter le chemin des Fougères à gauche sur 300 m, puis encore à gauche dans la rue Beaufrère, au rond-point la rue des Poiriers et, à son extrémité la rue des Pommiers, à droite. Traverser le boulevard, le port et rejoindre l'anse du Ter, bordée de pins, face à la base sous-marine.

(104) Après 300 m à l'ombre des pins, suivre le boulevard sur 600 m *(aménagements piétons).* Avant le lotissement, tourner à droite dans un passage en terre qui mène à la rue de Kermélo. Emprunter le trottoir pour traverser le Ter. Rejoindre les feux tricolores sur la rive opposée. Traverser la route à quatre voies et regagner la rive du Ter qui mène à l'auberge de Jeunesse de **Lorient**.

▶ La suite du descriptif du GR® 34 continue dans le topo-guide réf. 561, à partir de Locmiquélic, de l'autre côté de la rade de Port-Louis.

Variante de Larmor-Plage

De Lomener à Larmor-Plage   `5 km` `1 h 15`

A Larmor-Plage : ▦ ⊨ Å ☕ ⊨ ✗ 🚌

▶ Cet itinéraire, non balisé, longe des voies à circulation, mais permet, en échange, de découvrir la rade de Port-Louis et, en face, sa célèbre citadelle.

① Laisser le GR® 34 à gauche, prendre à droite et gagner un passage aménagé sur des traverses, dans la dune. Contourner le Fort de Locqueltas, pour parvenir à Port Maria à **Larmor-Plage.**

De Larmor-Plage à Lorient   `5,5 km` `1 h 25`

A Lorient : ▦ ⊨ Å ☕ ⊨ ✗ 🚌 🚆 ⓘ

L'église Notre-Dame de la Pitié, de Larmor-Plage, a été édifiée entre les 15e et 16e siècles. Elle est de style gothique breton. Chose rare, à cause des vents de suroît, le porche latéral est situé façade nord. De style flamboyant, il abrite de belles statues polychromes des douze apôtres. A l'intérieur, de beaux retables du 17e siècle. Tout à coté, la fontaine Notre-Dame date du 18e siècle.

② Du bourg de **Larmor-Plage**, contourner la pointe pour parvenir au Petit Port, puis à Toulhars. Après la croix, à l'extrémité de la promenade, s'engager dans le boulevard des Dunes. Poursuivre par le boulevard de la Nourriguel.

③ Poursuivre à gauche dans la rue du Soleil, puis à droite la rue de Kernével, suivie de la rue de la Citadelle. Rejoindre la rue de la Frégate, puis la rue de la Brise.
Tourner à gauche, et emprunter la passerelle de bois située devant les villas Margareth et Kernével. Après avoir suivi la promenade du port de plaisance, contourner le chantier naval pour revenir sur le GR® 34, qui mène à **Lorient**.

Lorient doit son nom au commerce maritime avec les Indes Occidentales. La Compagnie fondée par Colbert en août 1664, ayant besoin d'un port sur l'Atlantique entre Brest et Rochefort, Colbert imposa la rade de Port-Louis en 1666. De suite, un chantier de construction naval fut bâti. En 1669 furent mis en chantier deux frégates et un navire de mille tonneaux, baptisé "Soleil d'Orient", appellé plus simplement "l'Orient", qui donnera son nom à l'agglomération formée autour de ces chantiers, sur le bord du Scorff, au Faouédic.
Sous l'impulsion de Colbert, la Compagnie des Indes fait d'importants sacrifices pour organiser le port entre 1675 et 1677 : construction de magasins, de corderies, des murs de l'enclos, de l'église. Suite à l'abandon de Madagascar et de la guerre de Hollande, la Compagnie dépose son bilan en 1678. Elle est réorganisée en 1685. Mais une nouvelle guerre avec la Ligue d'Augsbourg (1689-1697) l'oblige à céder ses privilèges avec les mers de Chine.
En 1719, le célèbre financier écossais Law fonde la "Nouvelle Compagnie des Indes". Elle fait connaître à la ville une ère d'opulence jusqu'en 1763. Mais la perte des colonies entraine une nouvelle faillite.
Le Roi rachète alors les chantiers et l'Orient devient en 1764 port de guerre et arsenal royal. La Révolution donnera l'orthographe actuel de Lorient.

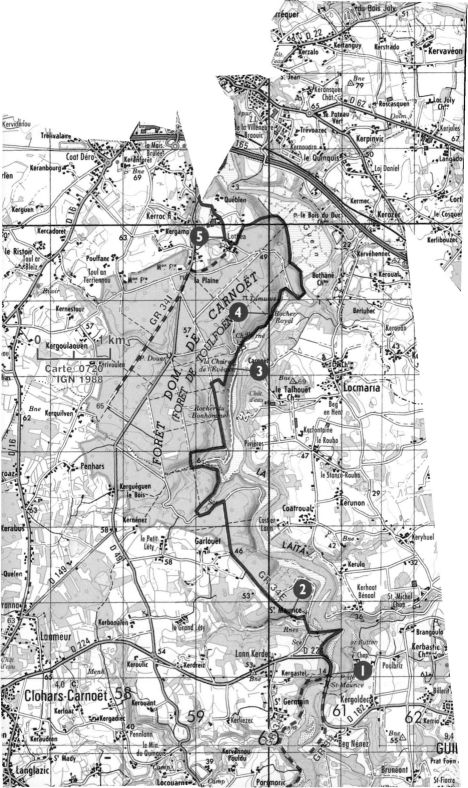

Le sentier GR® 34E
du pont de Saint-Maurice au Pont-Neuf à Plouay

Du pont de Saint-Maurice à Quimperlé   `15,5 km` `3 h 45`

A Quimperlé : 🏨 🛏 ⛺ 🍷 🛒 🍴 🚌 🚊 ℹ️

❶ A partir du **pont de Saint-Maurice**, continuer le long de la Laïta. Passer sur la digue entre la Laïta et l'Orangerie de Saint-Maurice *(accueil du site abbatial)*, puis tourner à gauche pour longer l'abbaye.

L'abbaye de Carnoët fut fondée à la fin du 12e siècle par l'abbé Maurice Duault, qui vint de l'abbaye de Langonnet, accompagné de douze moines. Par leur labeur, ils parvinrent à transformer les terres incultes en un agréable lieu de vie et à édifier une abbaye, qu'ils mirent sous la protection de saint Maurice.
De la construction d'origine, demeurent la salle capitulaire du 12e siècle, l'orangerie, les bâtiments de ferme, les ruines de l'habitacle et du logement de l'abbé.
Les autres dépendances, dont la maison des hôtes, disparurent lors de la dernière guerre, suite à un incendie.
L'intérêt du site, propriété du Conservatoire du Littoral, tient de nos jours à son environnement remarquable : la proximité de la Laïta et de la forêt domaniale.

❷ Bifurquer à gauche dans un chemin en légère pente jusqu'à l'orée du bois. Tourner à droite, pénétrer dans la forêt domaniale de Carnoët *(700 ha de chênes et de hêtres)*. Au bout de l'allée, obliquer à gauche pour retrouver 300 m plus loin la rive de la Laïta.

❸ Passer le rocher appellé "la Chaire de l'Evêque".

Ainsi dénommé, car il permettait à celui-ci, dit-on, d'haranguer les mauvais chrétiens qui demeuraient sur l'autre rive.

Le GR® passe successivement devant la demeure "château de Carnoët", puis les ruines du château de Conomor, le Barbe-Bleu breton. Toujours en longeant la rivière, passer devant le "rocher Royal", bel escarpement rocheux sur la Laïta.

❹ Passer le port de la Vehenne, continuer dans l'allée. Le GR® s'écarte ensuite de la rivière pour monter un chemin creux en forte pente appelé "chemin du Roi", qui mène au hameau de Lothéa.

❺ Par la route vicinale, rejoindre la route du Pouldu, que l'on suit à droite sur 700 m. Poursuivre à droite de la route dans un pré, avant de retrouver les berges de la Laïta, pour parvenir au quai Brizeux, puis au centre ville de **Quimperlé**.

▶ Jonction avec le GR®341. Description page 149.

Datant de la fin du 11e siècle, restaurée en 1860, l'abbaye de Sainte-Croix est le lieu temporel et spirituel de Quimperlé. Dressée à l'intersection de deux axes principaux de la ville, elle répond à deux impératifs : la puissance seigneuriale et la commémoration du Sépulcre de Jérusalem. Son plan représente la glorification de la croix du Christ à travers trois absides rectangulaires ; par-contre la nef est très courte. La décision prise en 1860 de consolider le clocher tourne à la catastrophe. Celui-ci s'effondre en 1862 détruisant une grande partie de l'église romane. Une restauration est donc entreprise, elle durera quatre ans. L'on profite des travaux pour mettre à jour le chevet.

A l'intérieur, l'édifice s'ordonne autour de quatre énormes piliers flanqués de colonnes. Le chœur des moines, redécouvert en 1862, dominait le dallage de l'abbaye de plus de deux mètres, au dessus de l'entrée visible de la crypte. Celle-ci, petit sanctuaire à peine enterré, est restée à l'état d'origine. Elle se compose de trois nefs de trois travées, se terminant par un chœur

en hémicycle. Elle renferme, entre autres, le tombeau de saint Gurlöes, et de l'abbé Henri de Lespervez, décédé en 1453. Jusqu'au 19e siècle, le pouvoir du saint est invoqué contre les maladies mentales. Les graffitis, sur son tombeau (antérieurs au 19e siècle), sont un témoignage des voeux et des remerciements des fidèles. La Mise au Tombeau, du début du 16e siècle, est la plus ancienne de Bretagne. Le tombeau a perdu sa polychromie, car il a été longtemps abandonné dans le jardin du presbytère de la ville basse. Le retable, du début du 16e siècle, représente, autour du Christ, l'enseignement de l'église. L'édifice renferme encore un Christ en robe (représentation assez rare, d'origine syrienne, introduite en occident au 8e siècle). On peut aussi y admirer un tableau de 1635, représentant l'adoration des bergers. La chaire à prêcher, en bois du 17e siècle, est composée de quatre panneaux, portant les portraits des évangélistes. Enfin, l'escalier d'honneur repose sur une voûte de pierre jusqu'à l'étage noble et se termine par du bois, pour atteindre les combles.

Le chemin du Roi

A la sortie de la Forêt de Toulfoën, le GR® emprunte un chemin creux pouvant atteindre trois mètres de largeur, bordé de murs en pierres sèches, mesurant par endroits quatre mètres de hauteur. C'est le "Chemin du Roi", constuit entre 1237 et 1286. Il forme une boucle d'environ trente kilomètres, de Quimperlé à la rivière du Bélon. Cet ouvrage avait une vocation de clôture pour le gibier (cerfs, sangliers, chevreuils). "Le Parc", comme on l'appelait à l'époque, était un domaine réservé à la jouissance exclusive des rois, pour chasser et pêcher. C'est sous Charles VIII que cette enceinte prit le nom de "Chemin du Roi".

Photo A.L.B.

Maisons à encorbellement

La maison à encorbellement, située au numéro 9 de la rue Dom Maurice, est sans doute l'une des plus anciennes de Quimperlé. Seuls la façade et son retour possèdent des colombages. Au rez-de-chaussée, une fenêtre, au milieu de la façade, marque le centre de l'étal d'une ancienne boutique.

Photo A.L.B.

A l'étage, une fausse porte donne l'illusion de s'ouvrir sur l'extérieur. Sur un poteau, sous l'avancée d'un pignon, est sculpté un joueur de cornemuse.

Appelée "Maison des Archers", cette dénomination ne repose sur aucune réalité historique identifiée. Sa construction remonte au 16e siècle, alors que tous les documents historiques relatent la présence des derniers archers, en ville, à la fin du 15e siècle. La demeure a été habitée par trois générations de notaires. Au début du 20e siècle, elle abrita une école privée. Aujourd'hui propriété de la commune, elle renferme des expositions temporaires.

D'autres maisons de ce type, datant également du 16e siècle, sont visibles dans la rue Brémond-d'Ars. Une dernière demeure, qui a conservé son étal, reste sur la place Saint-Michel, l'ultime survivance de l'aspect de cette place aux siècles passés.

A Ty Nadan : ⚲

6 De la place Charles-de-Gaulle, à **Quimperlé**, virer à gauche rue de la Paix, contourner les halles par la gauche, suivre la rue Maison-des-Archers, couper la rue Brémond-d'Ars, prendre la venelle en face (*cinéma*). Traverser le parking, franchir l'Ellé par le pont Fleuri.

7 Continuer à gauche par le chemin Glenmor (*ancien barde breton*). Poursuivre à gauche vers la Mothe. Après le petit ruisseau, grimper dans le bois à droite. Longer des champs labourés pour atteindre la ferme de Kerdaniel. Monter à droite la voie d'accès.

8 A la route d'Arzano, aller à gauche et suivre sur 800 m, *en restant du côté gauche de la chaussée, face à la circulation.* Au carrefour suivant, après le manoir de Rozangard, monter à gauche en direction de Castel Rosgrand. Pénétrer dans le bois et bien suivre le balisage (*nombreux sentiers de traverse*). A la sortie, emprunter une sente en bordure d'un bois (*attention en période chasse, vous êtes sur une propriété privée au passage aimablement autorisé par son propriétaire*). Atteindre Kergref.

9 Monter la route à gauche, poursuivre par un chemin d'exploitation, puis un chemin creux qui descend au fond du vallon à la fontaine Saint-Adrien.

La fontaine a été construite en 1789, la date est gravée au dessus de la niche. Au sommet du fronton triangulaire se lisent trois lettres JHS (Jésus Hominis Salvator, Jésus Sauveur de l'Homme). La chapelle voisine a été déruite en 1955.

Grimper à Saint-Adrien. Continuer à droite par la voie communale. A la patte d'oie, prendre à gauche en direction de Kerangoarec.

10 Laisser la ferme à droite, poursuivre dans un chemin empierré descendant. Monter ensuite une large allée herbeuse. A la croisée de chemins, continuer la montée en face, puis descendre la route communale.

Hors GR® pour **Arzano** : |2 km| |35 mn|

A Arzano : 🏠 ☕ 🛒 ✖ 🚌

Monter la route communale à droite.

11 30 m avant le carrefour, descendre à gauche dans un sous-bois, puis emprunter une sente dans une pairie, bordant la rivière, pour atteindre le pont de **Ty Nadan**.

De Ty Nadan à Guilligomarc'h
7,5 km 1 h 45

A Guilligomarc'h :

12 Franchir le pont de **Ty Nadan**, longer les terrains de tennis, virer à droite, passer le ranch, continuer à droite dans un chemin creux. Traverser une plantation de peupliers, franchir un ruisseau. Poursuivre, en forte montée, en sous-bois. A la sortie virer à gauche, puis longer à droite une sapinière.

13 A l'intersection, au sommet d'un chemin empierré, emprunter en face un sentier herbeux ombragé. Parvenir à l'entrée de Moulin Mohot. Franchir l'Ellé. Revenir à droite pour parvenir à Guerié. Utiliser la route communale, en virant à droite à la patte d'oie en direction de Kernon.

14 Parvenir à la D 222 que l'on suit à droite sur 200 m. Bifurquer à gauche en direction de Guilligomarc'h. Passer la stèle aux résistants. Au bas de la descente, pénétrer à gauche dans un chemin creux appelé "la vallée des lépreux", puis longer un champ à gauche. Par une route à droite, parvenir au bourg de **Guilligomarc'h** (*à l'entrée, à droite en contrebas, se trouvent une fontaine et un lavoir, ainsi qu'une aire de pique-nique*).

De **Guilligomarc'h** au **Pont Neuf (Plouay)**
6 km 1 h 30

15 De l'église de **Guilligomarc'h**, se diriger en direction de Plouay. A la bifurcation, prendre la direction du Moulin du Stang en longeant les carrières. Au fond de la vallée, franchir le Scorff et cheminer à gauche le long de la rivière sur 2 km 800. Parvenir en-dessous de la voie express Morlaix-Lorient.

16 Se diriger vers la Villeneuve en passant sous la chaussée. Aussitôt à droite, un chemin herbeux, prolongé par une large allée forestière, mène à 2,4 km, au **Pont Neuf** en Plouay

▶ Jonction avec le GR° 38. Description pages suivantes.

L'Ellé, *photo A.L.B.*

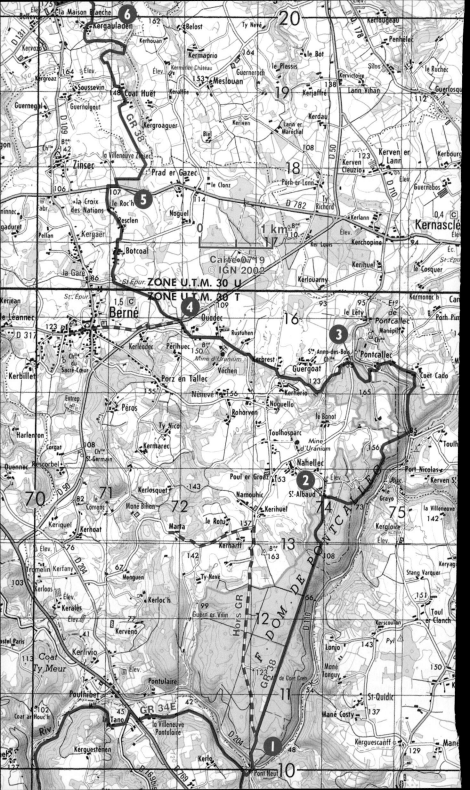

Le sentier GR® 38
du Pont Neuf (Plouay) à Douarnenez

De la jonction avec le GR 34E à la D 50   12 km   3 h

A Plouay : 🏠 🛏️ ☕ 🛒 ✕ 🚌

❶ De **la jonction avec le GR 34E,** dévaler la sente dans le bois vers la rivière, franchir le Pont Neuf. Cheminer légèrement à gauche, puis couper la D 204 pour une petite route en face.

▶ *Hors GR® pour pour les chambres d'hôte de Marta à 3,5 km, continuer sur la route.*

Poursuivre à droite dans l'allée forestière de la forêt domaniale de Pontcallec, pour parvenir, à 6 km, à la chapelle Saint-Albaud.

❷ A l'entrée du village, virer à droite, continuer en sous-bois pour déboucher au pont du Grayo. Franchir la passerelle et longer la rive gauche du ruisseau. Arriver à Coët Cado, virer à gauche, puis franchir la digue de l'étang de Pontcallec. Prendre la route à droite, un peu plus loin, monter à gauche dans le bois, couper une route, parvenir au carrefour et à la chapelle de Sainte-Anne.

❸ Laisser la route de Berné à droite, traverser l'aire de pique-nique, continuer en sous-bois pour retrouver la route de Berné que l'on suit à gauche jusqu'à la route de Kerbrest. Descendre vers le hameau, à la première maison, aller à gauche en sous-bois. Retrouver une seconde fois la route de Berné, la suivre jusqu'à la **D 50.**

Hors GR® pour **Berné** :   I km   15 mn

A Berné : ☕ 🛒 ✕ 🚌

De la D 50 à la Maison Blanche   7,5 km   I h 50

❹ Couper la **D 50,** prendre en face un chemin d'exploitation. A la patte d'oie, virer à gauche. Atteindre la route de Botcoal. Franchir le pont à droite, passer le village ainsi que ceux de Resclen et le Roc'h, à la route, aller légèrement à droite, puis trouver la route de la Villleneuve-Zinzec à gauche.

❺ Emprunter la première allée forestière à gauche, poursuivre jusqu'à trouver un chemin d'exploitation pour monter à Coat Huët. A la sortie du village, continuer dans un bon chemin de terre à droite, qui se continue par un chemin vert descendant au fond de la vallée, pour ensuite remonter à Kergauladen.

❻ Au sortir de la première ferme, pénétrer à droite dans un chemin ombragé suivi à gauche d'un chemin de terre pour déboucher sur la D131 que l'on suit à gauche jusqu'au carrefour de **la Maison Blanche.**

A **la Maison Blanche**, se diriger par la route de Priziac. 200 plus loin, aller à gauche en direction de la chapelle Notre-Dame deLotavy.

7 Descendre dans un chemin creux pour, ensuite, remonter sur la route de Rostren que l'on suit à gauche. Au bas du village, s'enfoncer dans un chemin creux, déboucher sur une route, bifurquer à droite. Après le pont, continuer en face, une petite route mène à la chapelle Saint-Nicolas.

8 100 m après la chapelle, en direction de Kerviguen, pénétrer à droite dans un chemin de terre qui contourne un champ, avant de trouver un chemin d'exploitation pour descendre à Morgant. Suivre à gauche la route d'accès. A la D 132, aller légèrement à droite, couper la route, prendre la direction de Restélégan. En vue du hameau, virer à droite dans un chemin d'exploitation, puis descendre dans un chemin creux. Plus loin, un chemin agricole mène au lieu-dit Botquenven.

9 Prendre à gauche la direction de Meslan (panneau). Recouper la D 132, se diriger en direction de la chapelle Saint-Guénolé.

▶ Hors GR® pour la chapelle Saint-Guénolé, poursuivre tout droit sur 100 m.

100 m avant celle-ci, bifurquer à droite en direction de Lichouët. A la sortie du hameau, continuer dans un chemin encaissé, traversant un petit bois. Parvenir à une route que l'on suit à gauche jusqu'aux abords de la voie express.

10 Rester à gauche pour aller à Moulin Berzen. A l'arrière du hameau, descendre dans un chemin vert, longer un ruisseau. Utiliser un boviduc pour franchir la voie express. Se diriger légèrement à gauche, pour, ensuite monter à droite en direction de Coat Loret. Dans le premier virage, aller à droite dans un chemin de terre qui mène au niveau de la chapelle Saint-Fiacre.

▶ Hors GR® pour la chapelle Saint-Fiacre, à gauche, un panneau indique la direction de la chapelle à 500 m.

11 Bifurquer à droite, couper une route, en face un chemin mène à Kerrousseau, puis à la D 790 que l'on suit à droite sur 250 m. Virer à gauche dans un chemin de terre, parvenir à une patte d'oie, **l'embranchement du Faouët**.

Hors GR® pour **le Faouët** : `1 km` `15mn`

Au Faouët : 🗓 ⌂ ⛺ ☕ 🛒 🍴 ℹ 🚌

Monter à droite, le chemin de terre, rejoindre la D 782 qui mène au centre du Faouët.

Au Saint :

12 De **l'embranchement du Faouët**, rejoindre tout droit la D 782 que l'on descend à gauche. Dans le premier virage, poursuivre, tout droit, vers Moulin du Rest. Après le franchissement du pont sur l'Inam, à droite un chemin de terre ombragé monte à Kerhouarn. A la sortie du hameau, prendre à gauche vers Rosquéo. Par la route vicinale parvenir à une croisée de chemins.

▷ Pour gagner la chapelle Saint-Georges, emprunter le chemin de droite, puis la D 117 sur 300 m. A la chapelle, coin pique-nique.

13 Descendre à droite vers le château de Rozangat. 50 m avant l'entrée, s'enfoncer à droite dans un sentier couvert pour retrouver la D 177. Descendre la départementale à gauche, puis en bifurquant à droite remonter jusqu'à Kerdellec.

14 Traverser le hameau, monter un chemin suivi d'un sentier. A la patte d'oie, bifurquer à gauche, arriver à Vetvihan. A droite, par la route de desserte, atteindre une autre route que l'on utilise à gauche ; puis à droite, par un petit chemin, parvenir à la chapelle Saint-Urlo et sa fontaine.

15 Continuer par un chemin de terre montant tout droit jusqu'à Leurier Croajou. Couper la D 782, en face un autre chemin de terre, suivi d'une route mènent à Locmaria.

▷ Pour la chapelle de Locmaria, monter 100 m à droite jusqu'au haut du village.

16 Continuer sur la route. 300 m plus loin, descendre à gauche dans un chemin de terre. Franchir le ruisseau de Moulin Coz, remonter à Kerogan. A droite, à l'extrémité du village, prendre un chemin de terre pour descendre à Pont-Briant. Franchir la rivière l'Inam, poursuivre la route en direction de Saint-Gilles.

▷ Pour la chapelle Saint-Gilles, monter la route d'accès à droite.

17 Continuer la route sur 2 km jusqu'à Feutennou. Au carrefour suivant, suivre à droite un chemin de terre pour monter à Rosnoën d'en Haut. Poursuivre la montée, couper la route d'accès à Kermorvan. En face, un chemin de terre mène à Penfao. Atteindre la route départementale que l'on suit à droite jusqu'au bourg du **Saint**.

▷ Pour la fontaine Saint Samuel, à 200 m, virer à droite sur la D187, puis à gauche.

▷ Pour la grotte Notre-Dame de Lourdes, à 300 m, prendre à droite après l'église.

La grotte a été aménagée entre 1878 et 1881, suite à un voyage diocésain à Lourdes en 1876. Une loggia attenante est construite en 1934 qui permet d'officier les jours de pardon, le deuxième dimanche de juillet.

Née au Faouët le 6 mai 1717, de son vrai nom, Marie-Louise Tromel, mais plus connue sous le nom de "Marion du Faouët", elle fut la contemporaine des brigands Cartouche et Mandrin. Jeune, elle travailla à Lorient dans une famille bourgeoise chez qui elle apprit le français. Marion eut quatre enfants, une fille et trois garçons. Toute sa vie fut obsédée par l'idée d'échapper à la pauvreté. Bien que la mendicité à cette époque ne fût pas un déshonneur en Bretagne, elle préféra constituer une bande de voleurs où tous les démunis se retrouvaient pour piller les riches . Elle eut ainsi sous son commandement jusqu'à 400 brigands.

L'une de ses escouades rançonnait les marchands de chevaux qui fréquentaient les foires de Gourin et Carhaix, dont le passage obligé se situait au pied du Roc'h, qui depuis porte le nom de Toull ar Laëron (le rocher du trou des voleurs).

Elle séjourna de nombreuses fois à Meilh Kudel (le moulin de Kudel) en Spézet, où elle entreposait une partie de son butin.

Arrêtée une première fois en 1743, puis en 1747, elle fut emprisonnée à Rennes et marquée au fer rouge.

Son amant, le premier lieutenant Henry Person, qui lui donna deux enfants, sera torturé et pendu la même année, sans trahir la compagnie.

Marion sera arrêtée une nouvelle fois en 1755, torturée, soumise à la question ordinaire (tour-

Gîte La Marion, photo gîte La Marion

Marion contrôlait un vaste territoire entre Carhaix, le Faouët et Pontivy. Elle a toujours évité les brutalités et les effusions de sang et savait faire preuve de charité envers les pauvres et les démunis. Elle jetait son dévolu sur les gros fermiers, les notables, les bourgeois, ainsi que les prêtres et les nobliaux, qu'elle repérait au cours des foires locales. Légendaire et belle rousse, sachant manier l'humour, elle usa souvent de sa beauté et de ses charmes pour déposséder ses victimes.

ment), puis à la question extraordinaire (chairs brûlées). Elle sera pendue à Quimper le 2 août 1755. Elle fut conduite à son lieu d'exécution dans un état pitoyable en chemise, le sang et les humeurs coulant de son corps couvert de plaies et de blessures. Elle avait trente huit ans.

Son frère, Corentin, subira le même sort en 1766.

Sans chef, la compagnie disparaîtra vers 1770.

D'après "Une étrange beauté... Marion du Faouët et ses Brigands", de Lice Nédélec
Collection Jean Rieux

Les contes et légendes bretonnes ont très souvent pour thème la mort (l'Ankou). En voici une, adaptée de la Légende de la Mort, recueillie par Anatole Le Braz, contée par un maçon de Saint-Hernin vers 1890.

Vue de Roc'h an Ankou. *Photo A. L. B.*

Trois frères, joyeux vivants, s'en revenaient d'une veillée d'hiver dans une ferme éloignée des Montagnes Noires. Pour rentrer, ils durent emprunter la route de Gourin à Spézet. Il faisait nuit claire, mais le vent soufflait en tempête. Nos trois gars, que le cidre et le "lambic" avaient grisés, chantaient à tue-tête pour étouffer le bruit du vent. Soudain, ils virent dans une douve un sécot de chêne déraciné par la tempête. Le plus jeune frère à l'esprit malicieux imagina un bon tour. Si l'on mettait le chêne au travers du chemin, on obligerait le premier roulier qui passerait à descendre de voiture pour déplacer l'arbre. Et les environs résonneraient de l'écho des plus beaux jurons de la terre, ajoutèrent les deux autres.

Ainsi fut fait, et nos trois gaillards regagnèrent leur logis. Pour être plus près des bêtes ils dormaient dans la crèche aux chevaux. L'alcool aidant, ils sombrèrent immédiatement dans un sommeil profond.

Mais, soudain, ils furent réveillés en sursaut. On heurtait bruyamment la porte de l'écurie. Qui est-ce ? demandèrent-ils en sautant à bas de leurs couchettes. Pas de réponse, mais on frappait de plus en plus fort.
L'aîné des frères courut à la porte et l'ouvrit toute grande. Il ne vit que le ciel clair et n'entendit que le souffle du vent. Il essaya, mais ne put refermer la porte. Les forces ses frères réunis n'y parvinrent pas davantage.
Alors ils furent saisis du tremblement

de la peur, et demandèrent en suppliant : au nom de Dieu parlez !
Rien ne se montra, mais une voix sourde se fit entendre qui disait : vous l'apprendrez bien à vos dépens si dans les minutes qui suivent, l'arbre que vous avez mis au travers de la route n'est pas rangé sur le bas-côté.

Ils allèrent tels qu'ils étaient, à moitié nus, et confessèrent par la suite qu'ils n'avaient pas senti le froid, tant l'épouvante les possédait.

Lorsqu'ils arrivèrent à l'arbre, ils virent qu'une charrette étrange, basse sur roues, attelée de chevaux non harnachés, attendait de pouvoir passer. Croyez qu'ils eurent vite fait de ranger le sécot.

Et l'Ankou, car c'était bien lui, héla ses chevaux en grommelant : vous m'avez fait perdre une heure de mon temps, en échange, c'est une heure de votre vie que chacun de vous me devra.

Nos trois frères, sous l'emprise de l'alcool, avaient tout simplement oublié qu'ils étaient passés au pied du Roc'h an Ankou (le rocher de la Mort).

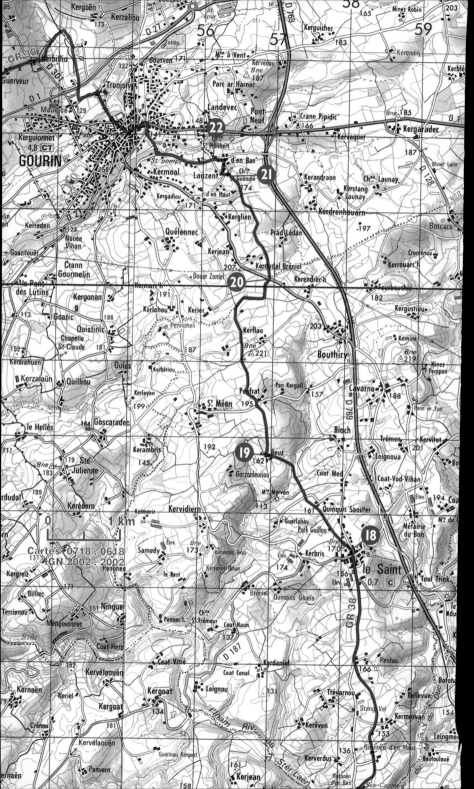

Du **Saint** à **Gourin** 8,5 km | 2 h 10 ▭

A *Gourin* : 🏨 ⚊ ⚊ 🛒 ✕ ℹ️ 🚌

Au Saint, prendre la route en direction de Park Guillou.

18 Au calvaire, aller à gauche vers le stade, puis dans le chemin de terre qui se termine par une trace au milieu de champs. Couper la route au village de Guerlahou, descendre un chemin de terre abrupt pour déboucher au hameau de Beuz.

19 Continuer par le chemin de desserte, parvenir au carrefour de Penfrat.
En face, un suivre un chemin de terre montant. Passer la croix de Kerflao. Après le ruisseau, tourner à droite pour rejoindre Kerdudal.

20 Couper la D 769, aller en face le long d'un bâtiment agricole et continuer tout droit jusqu'à Lanzent d'en Haut et la chapelle Saint-Guénolé.

21 Poursuivre tout droit vers Lanzent d'en Bas. Suivre à gauche la route d'accès.

▶ Hors GR® pour la chapelle Saint-Philibert, à 400 m, prendre la route à droite.

22 Au plan d'eau, monter à droite jusqu'à l'Office de tourisme de **Gourin**.

Dans les temps anciens, Gourin, farfois orthographié *'Gowrein'* ou *'Gorrum'* que l'on peut traduire par "sur le haut de la colline" fut, dit-on, le lieu d'une rencontre entre le roi Gradlon et les envoyés du roi des Francs Clovis, vers l'an 500. L'époque gallo-romaine y a laissé peu de traces. L'on sait que la région fut ravagée par les Normands en 918. Plus tard, pendant la ligue, La Fontenelle terrorisa la commune. En 1675 la révolte des Bonnets Rouges fit de nombreuses victimes. Gourin fut érigé en canton en 1790 et incorporé dans le département du Morbihan, contre son gré. Ses intérêts commerciaux, ses relations, son coeur étaient tournés vers le Finistère (Gourin fait partie de la Cornouaille historique). La commune fut, à partir de 1880 et jusqu'à 1960, le centre de l'émigration bretonne vers les Etats-Unis. La fermeture définitive des ardoisières en 1962, qui employèrent jusquà six cents ouvriers, porta un rude coup à la démographie locale.

De **Gourin** à **Tronjoly** I km | I5 mn ▭

A *Tronjoly* : 🏠 ⚊ ✕

Du centre de **Gourin,** couper la DI et par l'allée stabilisée gagner le parc, puis le château de **Tronjoly**.

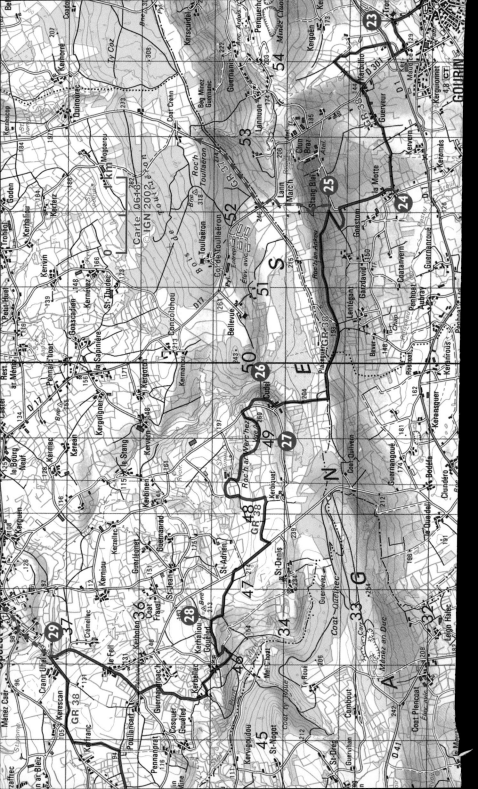

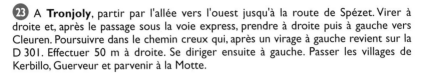
23 A **Tronjoly**, partir par l'allée vers l'ouest jusqu'à la route de Spézet. Virer à droite et, après le passage sous la voie express, prendre à droite puis à gauche vers Cleuren. Poursuivre dans le chemin creux qui, après un virage à gauche revient sur la D 301. Effectuer 50 m à droite. Se diriger ensuite à gauche. Passer les villages de Kerbillo, Guerveur et parvenir à la Motte.

24 Monter à droite, la route d'accès. Peu avant le sommet, virer à gauche dans un chemin de terre, parvenir à une large allée forestière que l'on suit à droite. Quelques mètres avant la route, prendre à gauche un virage en épingle à cheveux et trouver une voie charretière pour parvenir à la jonction avec le GR® 37.

25 Poursuivre le chemin de terre sur 2 km en coupant une route. Arriver à une crête, tourner à droite pour monter à Cudel. Dans le hameau, aller à droite, passer devant un four à pain rénové, aussitôt monter à gauche dans un chemin creux ombragé. En haut du chemin à 100 m à droite, sur l'éperon rocheux, vaste panorama sur les Montagnes Noires.

26 Rejoindre la route que l'on suit à droite. Au croisement suivant, continuer à gauche dans le chemin menant à la statue de la Vierge de Roc'h ar Verc'hez.

27 Poursuivre dans un chemin ombragé, puis descendre à droite un sentier. Continuer à gauche par un large chemin de terre, suivi d'un chemin empierré. Monter une voie charretière (*humide en hiver*), pour parvenir à une route, que l'on descend à droite sur 900 m. Trouver à gauche, face à une maison délabrée, un bon chemin empierré.

28 Suivre le balisage pour passer au dessous de Kerhaliou Gouéled. Utiliser la route vicinale en traversant successivement les villages de Kerbellec, Poullancerf et le Fell, pour parvenir à la **chapelle du Crann**. (*En chemin, sur la gauche, dans le dernier virage, voir la fontaine restaurée*).

Hors GR® pour **Spézet** :   2 km   30 mn

A Spézet :

Continuer de monter la route communale.

La chapelle du Crann, construite en 1535, est dédiée à Notre-Dame. C'est un sanctuaire renommé dans la région. En forme de croix latine, elle est constituée de trois travées. L'intérieur est remarquable par ses vitraux, la nativité de Jésus-Christ (1546), le vitrail de saint Laurent (1548). Mais le plus beau et le moins restauré demeure celui de saint Eloi de 1550. Deux retables du 16e siècle constituent également son patrimoine, celui de Notre-Dame du Crann et celui de la Sainte Trinité, tous deux en bois polychrome. Possibilité de visites commentées en été.

Photo A. L. B.

Dominant la vallée de l'Aulne entre Châteauneuf-du-Faou et Laz, le domaine de Trévarez est devenu aujourd'hui le parc floral et culturel du Finistère. Tel n'a pas toujours été son destin. L'ancien manoir datant du 17e siècle, constituait, dans la forêt de Laz, un important centre de chasse, en particulier la chasse aux loups. Dans ces solitudes au tréfonds des Montagnes Noires, ses propriétaires, le marquis et la marquise de la Roche, purent conspirer à leur aise contre le Roi de France. Ils furent ainsi compromis dans la célèbre affaire de Pontcallec.

A la Révolution, le domaine appartenait à la famille du Bot de Grégo, dont la fille Louise allait défrayer la chronique de l'époque. Elle épousa le sieur Pont-Bellanger et vécut près de Redon. Nous sommes à l'époque de la Convention et son mari va émigrer seul. Louise va alors mener joyeuse vie, à tel point qu'en 1795 elle devint la maîtresse du Général Hoche. Pour se rapprocher de son amant, en garnison à Lesneven dans le Nord-Finistère, elle revient se fixer à Trévarez. C'est là que Hoche la rejoint. Surviennent le débar-

quement de Quiberon, puis l'affaire de Coëtlogon, la mort de Tinténiac et de son mari, revenu combattre les "bleus". Pour l'Histoire, la coupable de ces trahisons est Louise du Bot, l'amie de Hoche. Le général Hoche est tué sur le Rhin. Elle lui trouve rapidement un successeur, un colonel d'Empire nommé Bonté, à qui l'on donne le grade de général et un titre de baron. Les Bonté finissent leurs jours à Trévarez.

C'est en 1845 que la famille de Kerjégu achète le domaine et ses 2022 hectares. En 1894, James de Kerjégu décide la construction du château, dans le style fin de siècle et avec les techniques modernes. Il utilise les compétences d'architectes paysagistes réputés pour l'aménagement du parc.

Vient la guerre de 1939/1945. Le château est réquisitionné pour la convalescence des forces de l'occupant. Bombardé par la Royal Air Force, saccagé puis pillé, ce n'est qu'en 1968 que le château et le parc de 85 hectares deviennent propriété du Conseil Général du Finistère.

Le château de Trévarez. *Photo A. L. B.*

De la chapelle du Crann au Voaquer `5 km` `1 h 55`

Au Voaquer en Saint-Goazec : 🏕

29 De **la chapelle du Crann**, revenir sur ses pas et poursuivre jusqu'à Crann Uhel. A la sortie du hameau, s'engager à droite dans un chemin de terre. Atteindre une route. que l'on suit à gauche. 250 m plus loin, emprunter à gauche un chemin de terre ombragé sur 600 m. Aller à droite à la bifurcation.

30 Couper la route départementale 117 et se diriger vers Trévily Huella. Après le hameau, continuer à gauche au croisement pour rejoindre le chemin de contre halage du canal de Nantes à Brest. Suivre à gauche le canal jusqu'à l'écluse du **Voaquer**.

Hors GR® pour **Saint-Goazec** : `1 km` `15 mn`

A Saint-Goazec : 🛒 🛒 🍴

▶ A 1,5 km, 20 mn, le château de Trévarez, parc et expositions.

Du Voaquer à Châteauneuf-du-Faou `5 km` `1 h 15`

A Châteauneuf-du-Faou : 🏛 🏕 ☕ 🛒 🍴 ℹ️ 🚌

31 Au **Voaquer**, traverser le canal et aussitôt à gauche utiliser le halage pour parvenir à la chapelle du Moustoir en sortant à droite au-dessous de Kerroz.

32 Monter la route à droite et, quelques mètres avant le carrefour, virer à gauche dans un chemin empierré pour atteindre Kerven. Poursuivre tout droit vers Pontadic. Monter à **Châteauneuf-du-Faou.**

De Châteauneuf-du-Faou à l'écluse de Kersalic `6,5 km` `1 h 40`

De **Châteaueuf-du-Faou**, le GR® descend à gauche par la rue de Pontadic.

La construction du canal de Nantes à Brest, lien statégique pour le ravitaillement du port militaire de Brest en cas de blocus, débuta en 1808. La partie finistèrienne fut réalisée en trois parties. Les travaux commencèrent en 1811 et se terminèrent en 1834. Le canal était enfin ouvert sur 81 km. Il fonctionnera jusqu'à la fin du 19e siècle, remplacé par l'arrivée du chemin de fer en Bretagne.

33 Franchir l'Aulne et le canal de Nantes à Brest sur l'ancien pont du Roy et utiliser à gauche le contre-halage, pour parvenir à Hir Garz. Traverser le hameau, suivre le chemin vicinal, pour rejoindre la D 36. Couper la route pour aller vers Stéraon.

34 A l'entrée du village, descendre à gauche un chemin de terre pour retrouver le contre-halage, que l'on suit à gauche sur 3 km pour parvenir à l'écluse de **Kersalic**.

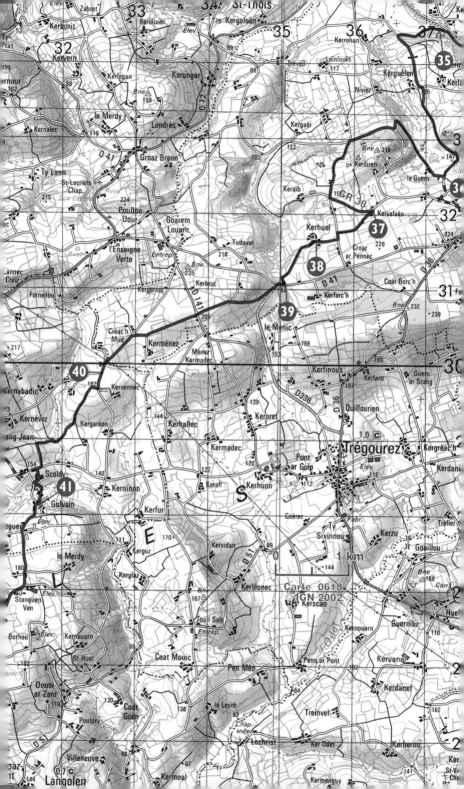

A Gulvain : ☕

35 Au niveau de l'écluse de **Kersalic**, laisser le contre-halage pour un chemin de terre et atteindre une route pentue, que l'on monte à gauche. Passer Runaval. Parvenir à Kerguélen. A l'entrée du hameau, prendre à gauche un chemin de terre qui descend au fond du vallon, puis remonte pour parvenir à une route communale.

> Hors GR® pour **Laz** :   1,5 km   25 mn
> *A Laz :* ☕
> Monter en face la voie rurale et poursuivre à gauche sur la route.

36 Descendre à droite au Guern et remonter un chemin de terre. Déboucher sur une route, virer à gauche et 100 mètres plus haut à droite. Au premier croisement, monter à gauche dans un chemin de terre. Parvenir à Roc'h Billy. Poursuivre par le chemin rural. Au croisement aller à gauche jusqu'à Kervalaën.

37 A droite, trouver un chemin de terre qui disparaît le long de deux champs. On atteint une route que l'on suit quelques pas à gauche pour virer à droite et parvenir à Kerhuel.

38 A la sortie du village à gauche, un chemin empierré qui devient herbeux mène à Croaz Nevez.

39 Traverser le carrefour (*prudence, attention à la circulation*). Entre les deux départementales suivre tout droit une petite route sur 3 km jusqu'au sommet d'une petite côte où se trouve, à gauche, l'élevage de Kervennec.

40 Quitter la route à gauche et emprunter un chemin empierré jusqu'à une route. (*Bien suivre le balisage car il y a de nombreux croisements de chemins*). Aller quelques pas à droite.

> Hors GR® pour **Kergadiou Edern** :   3,5 km   50 mn
> *A Kergadiou :* 🛏
> Continuer sur la route jusqu'au premier carrefour puis aller à droite

Couper la route, traverser le hameau de Scoldy. A la bifurcation suivante, descendre à gauche une route, qui remonte ensuite pour atteindre le hameau typique de **Gulvain** avec sa chapelle au centre de son petit cimetière.

Chapelle dédiée à saint Guénolé, fondateur de l'abbaye de Landévennec. Un écu aux armes d'un abbé Tanguy figure sur le chevet. La chapelle est une ancienne église tréviale, reconstruite en 1880 et touchée par la foudre le 18 octobre 1924.

L'Aulne à Châteauneuf-du-Faou. *Photo A. L. B.*

"C'est un petit paysage de Bretagne, il peut tenir dans la main". Ainsi parlait Jacques Prévert à propos du hameau de Gulvain dans la commune d'Edern. En effet cette image nous revient lorsque nous voyons Gulvain dans le giron de son "Méné". Autour de son église tréviale, dédiée à saint Guénolé, plantée au centre de son charmant cimetière en terrasse, où reposent les défunts des 46 familles riveraines. Gulvain offre l'aspect d'un petit bourg recroquevillé au plus profond de sa vallée.

Le hameau compte une vingtaine de maisons dans le style des "penn tiez" (maisons bretonnes en pierres apparentes) qui forment un ensemble d'une autre époque. Gulvain possède sa fontaine banale, au débit abondant, à qui l'on doit sans doute la naissance du village dans ce lieu.

Vieilles maisons, vieux souvenirs. Il y avait paraît-il à Gulvain des gens que la passion du jeu de cartes dévorait. On y jouait ferme, parfois même son cheptel. On s'appelait le soir d'une maison à l'autre au moyen d'un coup de sifflet que l'air frais de la nuit portait à son destinataire, lequel répondait sur des notes convenues.

Une légende raconte que trois joueurs acceptèrent une nuit à leur table un quidam au visage blafard. Les trois amis gagnaient tout ce qu'ils voulaient. L'argent et le cognac coulaient à flots. Lorsque qu'un cocorico retentit dans la campagne, le personnage sursauta, se leva soudainement, il avait deux sabots de cheval couronnés de poils noirs en guise de pieds.

C'était le diable en personne, Il articula à nos paysans terrifiés : "vous avez de la chance ; le chant du coq vous a sauvé, sinon j'allais faire un joli garçon mignon de chacun de vous". Il sortit précipitamment de la maison ; en passant la porte, il fit s'écrouler un pan de mur. Depuis ce jour là, à Gulvain, plus aucun inconnu n'est invité à faire le quatrième joueur de cartes à table.

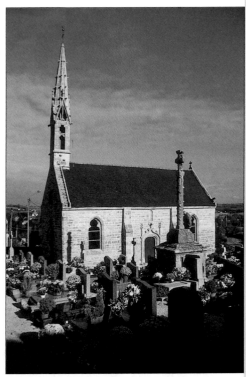

Chapelle de Gulvain, *photo A.L.B.*

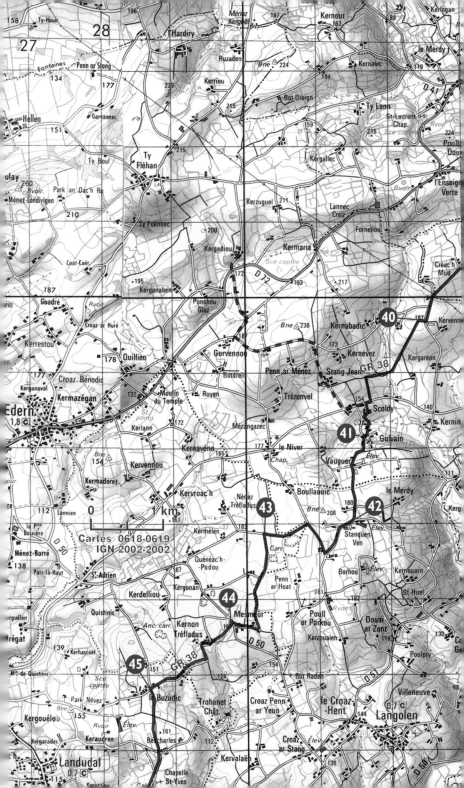

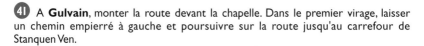
41 A **Gulvain**, monter la route devant la chapelle. Dans le premier virage, laisser un chemin empierré à gauche et poursuivre sur la route jusqu'au carrefour de Stanquen Ven.

42 Continuer sur la route qui tourne légèrement à droite, atteindre le croisement de Coat la Motte Kergaradec. Virer à droite à l'intersection, plus loin à gauche pour se diriger vers Lochou. Continuer la route, passer une carrière.

43 Au premier croisement, virer à gauche vers Kerspern. A l'entrée du village, aller tout droit dans un chemin de terre pour descendre à Mesmeur-Huella. Dans le village, prendre à gauche un petit chemin entre les bâtiments d'élevage.

44 Couper la D 50, suivre un chemin de terre au bord d'un champ qui mène à Kernon Tréfladus. A la sortie du hameau, utiliser un chemin empierré à gauche pour atteindre Kerguiniez, puis emprunter la voie rurale à droite et atteindre le Buzudic.

45 Après le carrefour, s'engager à gauche dans un chemin creux (*également PR® de Saint-Tugdual*). Arriver à Bescharles. Couper une route communale, traverser en face un champ labouré, pour trouver, à 60 m, une large allée ombragée qui mène à la chapelle et au calvaire de **Saint-Yves.**

La chapelle Saint-Yves, de plan rectangulaire, à été reconstruite en 1857. Elle remplace probablement une ancienne chapelle ainsi qu'un petit oratoire édifié par l'amiral de Kerguelen, aux abords du château de Trémarec. Les membres des familles de Kerguelen, Madec (*nabab des Indes*), Chabre et de Pompéry y sont enterrés. Sur l'une des fenêtres on peut observer les armoiries des de Kerguelen et des Madec. Devant la chapelle un calvaire, vestige de l'ancienne chapelle, porte la date 1605.

Le château de Trémarec, visible en contre bas à gauche, reconstruit au 17e siècle, a été acquis par la famille de Kerguelen-Trémarec à la fin du même siècle. C'est dans ce lieu, que naquit, le 13 février 1734, le futur amiral de Kerguelen. En 1772, il découvre les Terres Australes qui portent son nom. Mais ces "îles de la désolation" n'apportent aucune richesse au roi de France et l'amiral tombe en disgrâce à la fin de sa seconde expédition. Exclu de la marine, il fut emprisonné pendant trois ans. A sa sortie de prison, il reprend du service comme corsaire pendant la guerre d'indépendance des États-Unis.

Destitué de son aristocratie en 1789 par La Révolution Française, l'Amiral de Kerguelen meurt à Paris en 1797.

De la chapelle Saint-Yves à Lestonan   9 km   2 h 15

A Lestonan :

A **Saint-Yves**, continuer dans l'allée forestière, couper un route. Monter à Penvernic.

46 Emprunter à droite la route, passer Kervennou et filer tout droit jusqu'à Keriou. Descendre à gauche, puis à droite prendre la direction du moulin de Kerolven puis de Pratigou. Descendre à gauche dans le village.

47 Continuer à droite puis à gauche dans un chemin empierré. Poursuivre en bordure de deux champs labourés pour franchir un talus *(passage en propriété privée)*. En face, un chemin creux mène à Kermadoret. Traverser le hameau. A la sortie à droite, suivre un chemin de terre pour parvenir à Kernescop. Descendre la route à gauche pour atteindre la chapelle du Kreisker.

48 Descendre au fond du vallon, franchir l'Odet, suivre à droite le chemin empierré dans le bois de Stang Luzigou et ensuite, à gauche, une route pour atteindre la papeterie de l'Odet.

En traversant la rivière, on peut encore apercevoir, à droite, les anciennes papeteries de l'Odet. C'est en 1822 que le fils d'un manufacturier de Morlaix, âgé de 24 ans, Nicolas Le Marié, construit la papeterie. Il utilise le cours de la rivière comme énergie motrice et, durant quarante ans, développe l'entreprise familiale.
Son neveu, Jean René Bolloré, continue son oeuvre à partir de 1861. Son fils lui succède en 1881. Il oriente la production vers les papiers fins comme le papier à cigarettes. La famille Bolloré s'attache en permanence à perfectionner le raffinage et le filage de la pâte à papier. Au cours de la première guerre mondiale, malgré les difficultés d'approvisionnement, la papeterie poursuit son développement, grâce au labeur des femmes, des enfants et des hommes âgés.
En dix années le personnel passe de 200 à 1200 personnes. La recherche de nouveaux papiers est permanente. Les années 1930 voient la création du papier condensateur puis celui du papier isolant pour matériel électrique. En 1960, enfin, c'est l'arrivée du papier carbone universellement utilisé de nos jours.

49 Dans le virage, monter en face le chemin très pentu, puis utiliser la rue du Stang pour parvenir à **Lestonan**.

De **Lestonan** à **Quimper**   13 km   3 h 15

A Quimper :

A **Lestonan**, au carrefour suivant l'hôtel, virer à gauche dans la rue de Menez-Groas. 100 mètres plus loin, aller à droite dans le chemin de Garn Glas, puis à droite dans la rue du Ménez et la rue Saint-Guénolé. La chapelle se trouve à gauche.

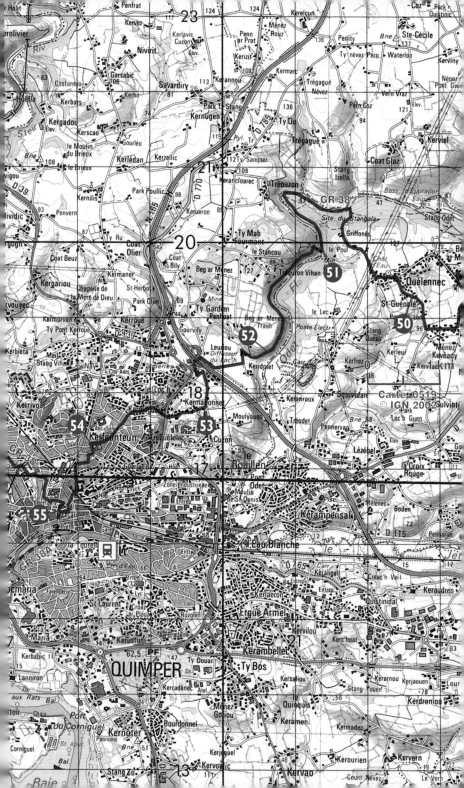

50 Traverser Quélennec. Continuer à gauche par l'allée du Stangala pour atteindre l'aire de repos à l'entrée du bois. Partir à droite pour descendre le sentier. En chemin, à gauche, un petit détour permet d'accéder au point de vue. Revenir sur ses pas et poursuivre la descente abrupte dans le bois. Arriver au bord de l'Odet et suivre à gauche la berge en sous-bois jusqu'à une passerelle.

51 Franchir la rivière et continuer à gauche, toujours en suivant en sous-bois la berge de l'Odet, puis monter à Kerlic.

52 Au hameau, suivre la route d'accès pour ensuite emprunter le passage piétons sous la voie express. Continuer par le chemin de Cuzon. A 500 m, la chapelle Saint-Pierre.

Cette chapelle, construite en 1875, se dresse à l'emplacement de l'ancienne église paroissiale de Cuzon. De plan rectangulaire, elle comporte à son chevet une petite sacristie. Dans le placître est érigée une croix à branches trilobées, posée sur un socle circulaire.

53 Poursuivre par le chemin de Kermahonnet. Couper la rue de Brest (*attention danger, circulation intense*). Monter en face le chemin piétonnier dans le coteau puis suivre dans l'ordre les rues de Pierre-Patérour, Jean-Savina, de Kermelec, Joseph-Laot, de Leurguéric et Missilien pour atteindre l'église Notre-Dame de la Trinité de Kerfeunteun.

54 Descendre par les rues Jean-Moulin, Duchesse-Anne, de Créac'h-al-Lann, passer sous la voie ferrée et enfin suivre les rues Toul-al-Laër et du Frout, pour déboucher place Saint-Corentin devant la cathédrale, au centre de **Quimper.**

Commencée en 1239, la construction de la cathédrale Saint-Corentin a duré plusieurs siècles. A cette époque, l'architecture gothique est prédominante en France. Saint-Corentin s'inspire donc du plan de la cathédrale d'Amiens, datant de 1220. Comme les travaux vont s'étaler sur plusieurs siècles, de nombreux styles vont se côtoyer. Le chœur et le rond-point déambulatoire sont construits aux 13e et 14e siècles. La façade et la nef occidentale, datant du 15e siècle, sont de style gothique flamboyant et ont servi de modèle aux églises de Locronan et de Carhaix. La fin des travaux témoigne aussi d'un souci de régionalisme, par la succession des blasons des principales familles bretonnes, qui ornent l'édifice.

Les flèches, construites de 1854 à 1856 rappellent celles de l'église de Pont-Croix, datant du 15e siècle. La statue du roi Gradlon fondateur de la ville, trônant sur son cheval, domine le sommet du porche. Des contreforts ont été rajoutés à la fin du 15e siècle pour fortifier l'édifice, car l'humidité du terrain posait déjà problème aux fondations. L'intérieur de la cathédrale renferme de nombreuses œuvres remarquables. On citera les tombeaux des principaux évêques ou chanoines qui ont fait vivre cet édifice le long des siècles.

▶ Jonction avec le GR® 38A. Description page 155.

Gradlon, roi de Cornouaille

En ce temps-là, Gradlon le Grand (Gradlon Meur) régnait sur la Cornouaille. Sa statue équestre entre les deux tours de la cathédrale veille toujours sur Quimper. Il s'était entouré de deux sages conseillers : le moine Guénolé, fondateur de l'abbaye de Landévennec, et l'ermite du Ménez-Hom Corentin. Mais tout roi qu'il était, Gradlon faisait preuve de faiblesse envers sa fille, la jeune et perverse Dahut. Pour vivre à sa guise une vie de fête et de débauche, elle avait obtenu de son père, l'édification, sur les flots, de la merveilleuse et

Statue du roi Gradlon, *photo A. L. B.*

orgueilleuse ville d'Ys. Sous les traits d'un beau prince, le Diable s'y présenta un jour. Séduite, Dahut lui confia la clef qui commandait les écluses, sauvegarde de la ville contre les flots. Le démon ouvrit aussitôt les vannes, et la ville et ses habitants furent engloutis. Seuls Gradlon et Guénolé, protégés de Dieu, s'en échappèrent. Dahut, dont la noyade apaisa la colère divine, réapparut, dit-on, en Morgane, sirène, encore acharnée au naufrage des marins. Le coeur brisé, le roi s'installa à Quimper et nomma plus tard Corentin premier évêque de Cornouaille.

Quimper à travers les âges

Pour le randonneur curieux, Quimper mérite absolument une visite approfondie. Son histoire s'étend du 12e siècle à nos jours. Depuis le quartier de Locmaria, berceau de Quimper, dont l'église est l'un des plus anciens monuments romans du Finistère entouré de son prieuré et de son jardin médiéval, on arrive à l'époque épiscopale, avec au centre ville, le palais des évêques devenu musée breton, les remparts, les rues pavées du centre historique, dont les noms rapellent les métiers : rue Kéréon (cordonniers), des Boucheries, rue du Sallé, place au Beurre, venelle du Pain Cuit. La ville s'agrandit ensuite, avec les maisons ducales de la place Terre au Duc, la rue Saint-Mathieu, rue du Poivre, rue René-Madec. La visite de la ville ne serait pas complète sans un petit tour des jardins publics : du Théâtre, des Remparts, de la Retraite. Enfin pour terminer ce tour de ville, ne pas oublier l'architecture moderne des halles et de la Maison de verre du Département.

Place au Beurre, *photo A. L. B.*

La cathédrale Saint-Corentin, *photo A. L. B.*

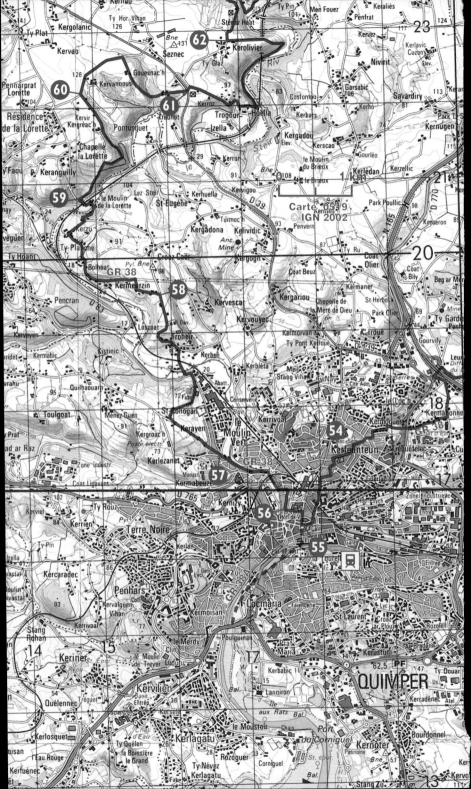

A Saint-Albin :

55 Contourner la cathédrale de **Quimper** par la rue Laënnec, puis la rue du Frout, parvenir à la place A. Macé. Effectuer quelques pas dans la rue des Douves, virer à droite, monter sur les remparts en direction de la tour Nevet et traverser les jardins de la Retraite. Descendre la rue Elie-Fréron, bifurquer à droite dans la rue Barz-Kadiou.

56 Place au Beurre, le GR® continue par la rue du Salé et aussitôt à gauche la rue des Gentilhommes. Grimper la ruelle Saint-Nicolas, puis par la rue Brizeux atteindre la place de la Tourbie. Descendre les escaliers à gauche de l'entrée de la rue Goarem-Dro. Gagner la passerelle du Steïr par le passage situé entres les numéros 19 et 21 de la rue Pen an Steïr. Traverser le parking par la droite, et au fond à gauche déboucher sur la rue de Locronan que l'on suit à droite jusqu'à l'église Saint-Paul.

57 De l'église Saint-Paul, dans les faubourgs de Quimper, monter l'allée de Kerayen, puis en face l'allée de Saint-Conogan. Tourner à droite, passer devant la chapelle. Continuer l'allée, couper la voie express et la D 63 et descendre la rue en face. Franchir le Steïr. Prendre le chemin de Troheïr jusqu'à la route de Kermeurzin.

58 Au carrefour, virer à gauche et descendre à Bolhoat. A l'entrée du hameau, monter à droite la route de Kerzu. Au croisement, descendre à gauche au moulin de la Lorette, puis franchir le pont sur la voie ferrée.

▶ A 700 m en montant la route, chapelle Notre-Dame de la Lorette.

Cette chapelle se trouvait autrefois dans le fond de la vallée, près du vieux pont. Un chant breton attribue la fondation de la chapelle à un seigneur de Rubian qui, à la fin du 17e siècle, se noyant dans le Steïr, invoqua la Vierge de Lorette. Comme elle le sauva de la noyade, il lui dédia cette chapelle.

59 Filer à droite dans une sente, puis s'enfoncer à droite en ligne de niveau dans le bois. Poursuivre sur le chemin d'accès à Kergréac'h et gagner un carrefour.

60 Aller à droite sur 1 km, puis virer à droite vers Gouesnac'h *(chambres d'hôtes)*. A 50 m, après le bosquet de pins, traverser à gauche un champ. Emprunter une sente en sous-bois *(bien suivre le balisage)* et gagner Crénal. Monter par la route à la D 39.

▶ A 300 m, en montant la D 39 à gauche, la chapelle Seznec.

61 Couper la D 39 *(Attention danger, trafic automobile intense)*. Descendre la route vers Trogour. Dans le hameau, dévaler à droite un sentier dans la sapinière. Prendre un chemin empierré à gauche. Monter à gauche le chemin de Trogour-Izella, puis aller à droite vers Trogour-Huella. Suivre à gauche le chemin privé qui descend au Steïr, puis à gauche le chemin de terre sur 250 m *(en passant voir la cascade de Trogour)*. Passer sous la voie ferrée et monter à gauche le chemin qui mène à Kerolivier.

62 Dans le hameau, aller deux fois à droite pour descendre à Goulet ar Menez. Franchir le ruisseau de Kerganapé et monter par un chemin de terre à Ty Nevez. Prendre à droite la route de desserte, puis à gauche la route sur 2,5 km et gagner **Saint-Albin**.

De **Saint-Albin** à **Locronan**
11 km 2 h 45

A Locronan :

Sur la place de **Saint-Albin**, se diriger à gauche vers Leurnéven.

63 Au carrefour, descendre à droite la route, passer la casse. A l'entrée du hameau, monter à droite dans un chemin empierré. Poursuivre à gauche la route. Au croisement, partir vers Keryacob.

64 A l'entrée du hameau, descendre à droite la route qui remonte, passe Penhoat et continue jusqu'à Quillien. A la sortie du hameau, bifurquer à droite dans un large chemin et parvenir à Lezmel. Couper la route, monter le chemin en face. A l'intersection, monter à droite sur 100 m, descendre à gauche une sente en sous-bois. Elle se prolonge par un chemin creux et atteint Stang Beuliec. Traverser la cour de ferme.

65 Monter à droite le chemin empierré. Passer Parkou Menez et rejoindre une route.

▶ En face, à 500 m, la chapelle de Saint-Thélau.

Somptueuse chapelle en forme de croix latine à chevet plat, construite vers 1573, dédiée à saint Thélau. L'évêque est représenté à califourchon sur le dos d'un cerf.

66 Monter à gauche la route vers la Motte. A mi-côte, s'engager sur un chemin de terre qui passe près d'un poteau électrique situé à 50 m de la route. Monter au centre équestre de Coat-Forestier *(bar, crêperie, pizzeria)*. Couper la route.

▶ A 900 m, site et chapelle de Plas ar Horn en montant la route à droite

Jusqu'à la fin du 19e siècle, lors de la Troménie, pour la station de saint Ronan, on construisait à cet endroit, une hutte en croûtes de sapins. La chaire à prêcher fut édifiée en 1887, la chapelle actuelle date de 1977. Les vitraux, créés par J. Bazaine témoignent de l'art contemporain.

67 S'enfoncer, à droite, dans un chemin creux en déclivité qui mène à **Locronan**.

La Fabrique des toiles à voiles, implantée à Locronan dès la fin du Moyen-Âge, assure à la "ville" une magnifique prospérité qui durera plusieurs siècles, jusqu'à la guerre d'Indépendance américaine. De 8 000 pièces annuelles en 1778, la production tombe à 1859 en 1786. Parmi les différentes raisons de cete chute, on retiendra la concurrence des manufactures royales de Brest et d'Angers et celle de l'évêché de Rennes qui produisent à meilleur coût.

Moins de concurrence aussi entre les marchands, l'importance des marchés des ports de guerre de Brest et de Lorient font que les responsables des achats trouvent plus commode d'avoir à s'adresser à un minimum de fournisseurs. Seuls demeurent à Locronan deux commissionnaires des acheteurs de Brest, qui s'entendent pour faire baisser les prix. Découragés les tisserands sont alors poussés à diminuer la quantité de fils par pièce. Des tisserands récalcitrants vont porter leurs toiles directement à Brest, mais l'échec est flagrant. Résultat : les toiles de Locronan ne servent plus à la fabrication des voiles, mais seulement de sacs, de hamacs, et d'habits pour les matelots. A l'inverse des "Juloded", gros paysans marchands du Léon, capables de défendre leurs intérêts, les tisserands du Porzay sont trop "gueux" et trop dispersés dans la campagne pour faire bloc contre les marchands urbains. Locronan voit sa population décliner inexorablement. A la veille de la Révolution, les deux tiers des tisserands sont réduits à la mendicité. Ainsi se termine l'histoire industrielle de ce petit coin de Cornouaille. Quelques métiers, ont fonctionné sur la place jusqu'aux années 1980, "à usage touristique", puis se sont définitivement retrouvés rangés dans un musée.

Métier à tisser, *photo A.L.B.*

La place de Locronan, mondialement célèbre pour avoir servi de décor à plusieurs films, est un quadrilatère pavé, d'environ 75 mètres sur 25 s'abaissant doucement vers le nord et vers l'ouest. En plus de l'église et du pénity, quatorze maisons en occupent les côtés. La plus ancienne est le vieil hôtel Saint-Ronan situé juste au dessous de l'église. Il était d'ailleurs relié jusqu'en 1808 par une voûte surplombant la rue de Châteaulin. La maison voisine date du 20e siècle. D'anciennes photographies montrent à cet endroit une sorte de magasin à toit plat très disgracieux. L'alignement se termine par une maison plus basse et plus allongée, la façade est percée de six ouvertures arrondies semblables à celles de la première maison.

Le bas de la place est occupé par une longue et haute bâtisse édifiée en 1689. Ce bâtiment était au 18e siècle le siège de la Compagnie des Indes. Après la Révolution, il servit de gendarmerie. L'alignement ouest possède la maison la plus remarquable de la place. Une lucarne porte la date de 1669. L'écusson placé au-dessus de l'entrée indique qu'elle renfermait le bureau des toiles ; les officiers royaux y estampillaient la production de toute la région. Plus modeste, la

demeure suivante est de même conception. L'alignement se termine par une maison à étage. Sa toiture à long pan porte en son milieu une minuscule cheminée. L'autre côté du bureau des toiles est occupé par une maison au style sobre et régulier. Au-dessus de la route de Quimper, on trouve trois édifices en pignon d'allure assez massive. La maison de droite a été construite au début du 20e siècle. Les deux autres sont plus anciennes, avec des modifications récentes. Elles ont toutes deux été édifiées au début du 18e siècle. En haut de la place, s'érige un immeuble datant de 1935. L'ancienne maison datait de la fin du 17e siècle. Le linteau, récupéré, porte l'inscription "Louis Chalin 1686". Derrière ces façades, les maisons s'enfoncent en profondeur de 10 à 20 mètres pour la plus longue. Dans toutes ou presque, on trouve des portes moulurées en arcades, des niches, des cheminées massives ou plus légères, très souvent décorées.

La place serait orpheline sans son puits, de structure octogonale, qui l'orne en son milieu. Avant l'arrivée de l'eau courante, c'était le seul point d'eau et l'endroit le plus fréquenté du bourg.

Place de Locronan, *photo A.L.B.*

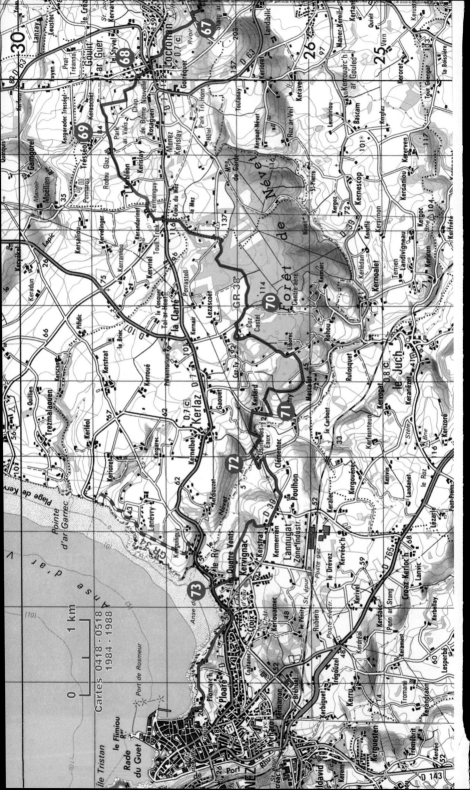

A Douarnenez : 🗓 ⌂ 🛏 ⛺ ☕ 🛒 ✕ ℹ 🚌

Au bas de la place de **Locronan**, descendre à gauche la rue Moal et parvenir à la chapelle et la fontaine de Bonne Nouvelle.

68 Traverser la D 63 (*attention au trafic automobile*), poursuivre en face dans un chemin ombragé. A l'intersection, descendre à droite en direction de Rodou-Huella. Laisser le hameau, virer à gauche pour atteindre une route que l'on descend à droite.

69 Descendre vers Rodou Glas (*chambres d'hôte*). Traverser la ferme, poursuivre tout droit. Passer Kerbléon, Kermenguy, puis monter vers le Mez. Contourner le hameau par la droite et parvenir à Kergoat Névet. Continuer en face le long d'un champ pour entrer dans la forêt de Névet. Le GR® emprunte à droite l'allée en limite du bois jusqu'à une borne indicatrice.

C'est ici, dans la forêt de Névet où il avait son ermitage, que la tradition médiévale rappelle les miracles de saint Ronan, quand il contraignait les loups à déposer les brebis qu'ils emportaient dans leurs gueules.

70 Continuer tout droit. Entrer dans la *propriété privée* de Coz Castel (*rester à droite*) pour trouver, quelques pas plus loin, encore à droite, un chemin de terre ombragé qui contourne la propriété. Descendre à droite une large allée forestière. Poursuivre sur la route en face, passer Kerbellec, puis virer à droite vers Bellevue. A la bifurcation, aller en face dans le chemin de terre, puis partir à droite en limite du bois et monter à un large replat.

71 Dévaler à gauche une sente dans le sous-bois. Elle se poursuit par un chemin herbeux et atteint la route de desserte de Kerlard Vihan. La suivre à gauche. A l'intersection, monter à droite vers Kerlard. A la sortie du hameau, prendre à gauche un chemin empierré qui se prolonge par une sente en sous-bois. Parvenir à un chemin d'exploitation. Descendre à gauche jusqu'à l'extrémité de la clôture de la réserve d'eau.

72 Virer à gauche dans un pré en enjambant la clôture électrique. Longer le grillage, passer le ruisseau. Emprunter à droite la route du Juc'h jusqu'à Kermerrien. Prendre à droite un petit chemin de terre. Descendre la troisième venelle à droite et gagner la route du Ry.

▶ Jonction avec le GR® 34. (*Description dans le topo-guide réf : 380 pour l'itinéraire se dirigeant vers la presqu'île de Crozon*).

73 Monter à gauche la route du Ry. Au carrefour des Quatre-Chemins, virer à droite sur le sentier côtier des Plomarc'h (*gîte d'étape. En chemin, à droite, le site archéologique des salaisons romaines*). Atteindre le port de **Douarnenez**.

Le sentier GR® 34G
De Porz Poulhan à Douarnenez

De **Porz Poulhan** à **Mahalon** `10 km` `2 h 30`

A Porz Poulhan :

A Mahalon :

1 **A Porz Poulhan,** le GR® 34G part de l'extrémité est de la plage de Guendrez à travers dune et roselière, pour parvenir à la chapelle Saint-They.

2 Continuer sur 200 m, à droite monter dans le vallon jusqu'à Kerglogay. Continuer, couper la route de Porz Poulhan. En face, à 250 m, prendre à gauche un chemin d'exploitation. A 1 km, couper l'ancienne voie ferrée puis la D 784 (*attention au trafic automobile*). Atteindre Lambabu et, par l'allée des Geais, la chapelle Saint-Tugdual .

3 Traverser le village. Après 600 d'un chemin empierré, tourner à droite dans un sentier serpentant dans la lande jusqu'à l'étang de Poulguidou. Franchir le gué sur une passerelle. Poursuivre à gauche. Passer le hameau du Gourbi, atteindre une route que l'on suit à droite sur 400 m.

4 S'engager à gauche dans un chemin de terre. Parvenir au niveau de Brogoronnec. Suivre à droite la route communale

5 Traverser le carrefour de Mahalon-Landudec. 60 m plus loin, descendre à gauche dans la vallée de Stang Irvin (*calvaire et fontaine*). A la route suivante, virer à gauche pour monter à **Mahalon**.

De **Mahalon** à **Meilars** `1,5 km` `25 mn`

A Meilars :

A **Mahalon,** prendre la route de Confort, au niveau du cimetière suivre un délaissé de route à gauche. Retrouver la route principale pour atteindre **Meilars**.

De **Meilars** à **Confort** `800 m` `15 mn`

A Confort :

De **Meilars**, en suivant la route parvenir, 800 m plus loin, au bourg de **Confort**.

De **Confort** à **Douarnenez**   16 km   4 h

A Douarnenez : 🏛 🏠 🛏 🏕 ☕ 🛒 ✕ 🚌 ℹ️

De l'église de **Confort,** longer à droite la D 765 (*rester à droite sur la berme, attention au trafic automobile*).

6 A la première intersection, descendre à droite en direction de Kergoff. A l'entrée du hameau, continuer dans un chemin de terre qui descend au fond du vallon, puis remonte à Kernaouéret. Atteindre et couper la D 765 (*attention au trafic automobile*). En face, un chemin d'exploitation mène au moulin de Kerdanet, puis à Kernoc'h. Par la route vicinale parvenir à la chapelle de Kerinec.

7 Continuer à droite sur la route (*à droite dans un pré, le menhir de Lezaff*). Au carrefour, tourner à droite en direction de Kerdanet (*chambres d'hôtes*), puis de Kérédec. Se diriger vers Buzit par le chemin d'exploitation. A l'intersection, virer à gauche puis emprunter une route sur 250 m. Au carrefour, tourner à droite. 50 m plus loin encore à droite vers Kerfinidan et Kerfalzou que l'on traverse pour descendre à droite vers la chapelle Saint-They.

8 Continuer jusqu'au fond de la vallée en longeant des champs. Franchir un ruisseau pour trouver un chemin creux que l'on prend à gauche. Contourner Kervéoc, et, par la route vicinale, parvenir une nouvelle fois à la D 765. Couper la départementale (*attention au trafic automobile*).

9 Légèrement à gauche un chemin de terre mène au moulin de Pont Toullec. Continuer sur la route (*ancienne voie romaine de Douarnenez à Pont-Croix*). Elle mène, à gauche, à l'église de Pouldavid.

10 Descendre vers le rond-point. Se diriger vers le port à gauche. En face de l'ancien pont de chemin de fer, virer à droite dans la voie ferrée. 600 m plus loin, monter à gauche la rue Gabriel-Le-Signé, suivie du chemin de Kermarron Izella et à droite de la rue Aviateur-Le-Bris. Parvenir sur la place de l'église de Ploaré.

11 Continuer par la rue Aristide-Briand, couper la D 7, passer devant un lavoir, un chemin de terre en déclivité mène au village restauré des Plomarc'h (*gîte d'étape*). A gauche, descendre au port de **Douarnenez**.

▶ Jonction avec le GR® 34. Description page 23.

Le port de Douarnenez, *photo A. L. B.*

Le maquereau, quand il est petit, appelé "lisette", s'accommode bien de sauces relevées, comme dans cette recette des environs de Quimper. Prévoir 1 maquereau par personne, un beau bouquet garni avec : 2 gousses d'ail, 1 oignon, quelques grains de poivre, du sel, 2 verres de vin blanc. Pour confectionner la sauce : 2 jaunes d'oeuf, 50 g de beurre, une cuillère à soupe de moutarde et un peu de ciboulette.

Faire un court bouillon très relevé avec le vin blanc, l'ail et l'oignon coupé, le sel, le poivre. Ajouter assez d'eau pour recouvrir les poissons. Ajouter les têtes de maquereaux, laisser cuire un quart d'heure.

Vider les maquereaux, les mettre à pocher tout doucement dans le court-bouillon refroidi et remis sur le feu pendant environ 10 minutes selon la grosseur des poissons.

Pendant ce temps, faire fondre les 50 g de beurre très doucement. Mélanger dans un bol les jaunes d'oeuf et la moutarde, verser dessus le beurre fondu en remuant doucement comme pour faire monter une mayonnaise.

Une fois cuits, détacher les filets de maquereaux et les ranger au chaud sur un plat de service. Napper les poissons de la sauce, les garnir de ciboulette et servir chaud.
Bon appétit.

Le kouign amann

Ce gâteau au beurre (*kouign* en breton veut dire gâteau et *amann* beurre) fut inventé à Douarnenez en 1875... par erreur dit-on. Depuis il s'est largement répandu dans toute la région. Délicieux chaud, c'est un gâteau copieux, qu'il vaut mieux déguster tout seul... ou à la suite d'un repas frugal.

Pour confectionner ce dessert il faut une demi-livre de farine, 10 g de levure de boulanger, 200 g de beurre (mou si possible), 200 g de sucre, 1 pincée de sel et pour dorer le tout, 1 jaune d'oeuf et quelques pincées supplémentaires de sucre.

Faire tremper la levure dans un bol d'eau tiéde, puis l'ajouter à la farine avec le sel. Malaxer jusqu'à obtenir une boule de pâte souple qui ne colle plus aux doigts. Au besoin rajouter de l'eau ou de la farine. La pâte à pain ainsi obtenue est mise à lever, recouverte d'un linge, dans un endroit chaud durant une heure environ.

Etaler la pâte montée sur une planche à pâtisserie pour obtenir un rond à la taille du plat utilisé.
Beurrer ce rond de pâte, sans aller jus-qu'aux bords, avec la moitié du beurre et saupoudrer avec la moitié du sucre également. Replier les bords de la pâte vers le centre du plat, pour enfermer complètement sucre et beurre. Aplatir au rouleau, plier en deux, laisser reposer au frais 20 minutes.
Etaler à nouveau la pâte et recommencer l'opération avec le reste de beurre et de sucre ; toujours en pliant la pâte toujours sans laisser échapper le beurre et le sucre. Donner une forme de galette ronde. Mettre au frais 20 minutes et préchauffer le four à 220 degrés.
Placer le gâteau sur un papier de cuisson, posé sur la plaque de four. Dorer au sucre et au jaune d'oeuf. Laisser cuire de 30 à 40 minutes. Si le beurre s'échappe, le recueillir et le reverser au centre du gâteau.

La pointe des "Trois Tourtes"

Le moine saint Cadou, grand voyageur dans son temps, lors de l'un de ses périples dans la région, affamé, demanda à la femme du passeur de l'Odet, l'aumône de trois tourtes. Elle refusa et l'ermite en colère transforma les trois tourtes en trois rochers.

Le rocher du "Saut de la pucelle"

Une jeune fille, poursuivie par un Templier Rouge, ne dut son salut qu'à un bond prodigieux au-dessus de la rivière, aidé par l'esprit de sainte Barbe. Le méchant galant voulut l'imiter, manqua son saut, et fut englouti dans les flots de l'Odet. Son âme damnée erre encore la nuit le long des rives boisées.

La "Chaise de L'évêque"

Monseigneur de Coëtlogon, ancien évêque de Quimper au 17e siècle, lors de ses méditations le long de l'Odet aimait à se reposer à cet endroit, car des anges ont façonné le rocher en forme de siège, spécialement à son usage.

Les méandres des "Vires-court"

Au 17e siècle, au temps des Guerres de Religion, une escadre de vaisseaux espagnols, remontant l'Odet, aurait viré au niveau de Prad Gouyen, pensant que la rivière s'arrêtait à cet endroit. Avant de repartir vers l'Atlantique, la Marine du Roi d'Espagne se serait ravitaillée en eau à une fontaine appelée depuis "la fontaines des Espagnols".

Vue de l'Odet, château de Kerambleïz, *photo A.L.B.*

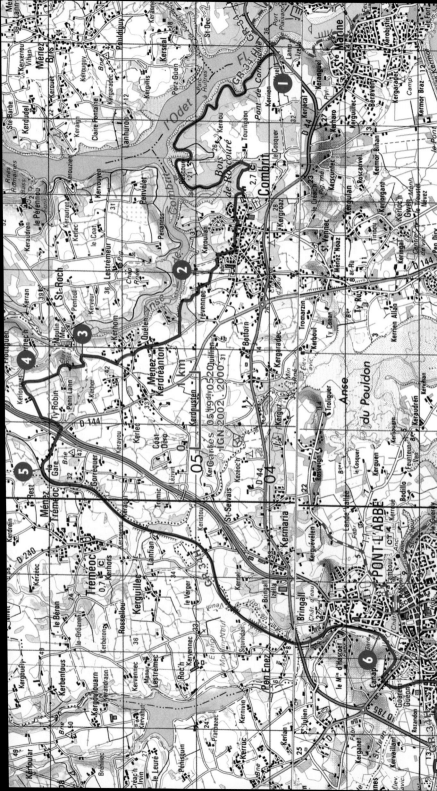

Le sentier GR® 34H
du Pont de Cornouaille à la Torche

Du pont de Cornouaille à Combrit

4 km **1 h 00**

A Combrit : 🛏 ⛺ ☕ 🛒 ✕ 🚌 ⓘ

1 Du **pont de Cornouaille**, descendre au bord de l'Odet. Longer la rivière vers le nord en traversant le bois de Roscouré sur 4 km et en ignorant tous les sentiers transversaux à gauche. Par l'impasse de Pen ar Ster atteindre le bourg de **Combrit**.

De Combrit à Pont-l'Abbé

12 km **3 h**

A Pont-l'Abbé : 🏨 🛏 ⛺ ☕ 🛒 ✕ 🚌 ⓘ

Du carrefour de la rue du Docteur-Chauvel à **Combrit**, utiliser à gauche l'allée sablée, parvenir à l'ancien cimetière. Continuer dans un chemin ombragé, puis pénétrer en sous-bois. Longer le lotissement de Bonèze.

2 Virer à droite dans un chemin vert. Atteindre une route que l'on suit à droite jusqu'à Ty Scoul. Trouver à gauche un sentier creux pour rejoindre l'anse de Kerjégu. Par la route à droite, continuer jusqu'à Keridreuz. Dans le village, trouver un sentier à gauche puis, par la route des châteaux, parvenir à la route vicinale de Keradoret à gauche.

3 Passer deux barrières (*normalement ouvertes*). Après les deux habitations du hameau, continuer à droite dans un chemin ombragé qui mène à une pâture (*propriété privée*). Traverser l'angle de la pâture (*suivre le balisage, refermer les clôtures*). Poursuivre dans une large allée bordée de châtaigniers pour aboutir à Kerlosquet.

4 Par le chemin de la ferme, continuer jusqu'au carrefour de la D 144. Passer à droite sous la voie express, puis tout droit par le giratoire, atteindre l'ancienne voie ferrée Quimper Pont-l'Abbé, appelée le "Transbigouden".

5 L'emprunter à gauche sur 5,5 km pour parvenir à l'ancienne gare puis au centre culturel du Triskell de **Pont-l'Abbé**.

▶ Jonction avec le GR® 34. Description page 57.

De Pont-l'Abbé à la pointe de la Torche

13,5 km **3 h 25**

A la pointe de la Torche : 🛏 ⛺ ☕ ✕ 🛒

6 A **Pont-l'Abbé**, par l'arrière du Triskell, longer la roselière. Avant les maisons, prendre le sentier à droite. Au lavoir de Canapé, couper la D 2 par un petit parc, rejoindre le centre commercial. Poursuivre en face dans la rue de Poulléac'h, suivie de la rue du Guiric. Longer la crèche Ti Liou pour trouver le chemin de ferme qui mène au menhir du Guiric en passant par la fontaine.

1675 : le pouvoir royal crée un nouvel impôt sur le papier timbré, la vaisselle d'étain et le tabac (déjà). C'est la goutte d'eau qui fait déborder le vase des rancoeurs accumulées à l'encontre des seigneurs qui pressurent le peuple.

Le 2 juillet, quatorze paroisses de Basse Cornouaille se liguent au même refus et à une même revendication. Leur point de ralliement : la chapelle de Tréminou à Plomeur ; ce jour-là, elles y proclament une charte à la fois manifeste et cahier de doléances, "le Code Paysan". Y sont exigés, pêle-mêle, l'abolition des droits de champ-part et de corvée, l'autorisation de mariages mixtes entre filles nobles et paysans, l'abaissement du prix de l'al-cool, la suppression de la dîme due aux prêtres, le droit de chasse pour tous... A peine subversif. A Pont-l'Abbé, les moines du monastère (actuelle église paroissiale) sont contraints par les Bonnets Rouges, sous la menace, de renoncer aux corvées qu'ils exigeaient de leurs paysans.
Le pouvoir ne s'y trompa point qui fit donner les dragons : pendaisons, emprisonnements, condamnations aux galères et humiliation suprême pour notre peuple très chrétien, la décapitation de six clochers du Cap Caval : les églises paroissiales de Tréguennec, Combrit et Lanvern, les églises tréviales de Lambour et Saint-Honoré, l'église chapelaine de Languivoa.

Un siècle plus tard, sur autorisation conjointe de Louis XVI et de la famille de Kersalaün (M. de Kersalaün avait été mortellement molesté par les insurgés), Combrit put recons-truire son clocher. Mais Lambour, Lanvern et Languivoa furent condam-nées à leur nouvelle silhouette qui leur confère, au demeurant, un air de parenté complice, et les élève au rang de symboles de la révolte.

La rumeur populaire prétend que, par représailles, les bigoudennes ont décidé de porter les clochers sur leur tête en élevant progressivement la hauteur de leur mitre de dentelle. A dire vrai, la coiffe attendit le 20e siècle pour prendre de l'altitude ; mais la légende traduit bien ce caractère bigouden tout en sourcilleuse fierté, dont Pierre Jakez Hélias s'est fait le chantre, ainsi que la place décisive de la femme dans une société que l'on dit matriarcale.

Serge Duigou, auteur de
"La révolte des Bonnets Rouges
en Pays Bigouden"
Editions le Ressac

Eglise de Lambour, *photo A.L.B.*

Le Pays bigouden, qui doit son nom à la coiffe que portent les femmes, s'étend des rivages de la rivière Odet à la Baie d'Audierne et reçoit chaque année des milliers de visiteurs, attirés par la beauté des sites, le climat tempéré et l'activité de ses ports de pêche. Pont-l'Abbé est la capitale de cette entité géographique de près de 50 000 habitants.

Le musée Bigouden, installé dans le donjon du château, comporte quatre salles d'exposition consacrées à l'histoire du Pays, au mobilier, à l'artisanat, aux costumes et coiffes richement brodées à la main, à la mer avec des maquettes de bateaux.
Complémentaire du musée, la maison du Pays Bigouden est aménagée dans la ferme de Kervazégan, en bordure de la route départementale menant à Loctudy. Sur la rive gauche de la rivière, l'église de Lambour, des 13e et 16e siècles, dont le clocher fut découronné en 1675 lors de la révolte des Bonnets Rouges, est actuellement en cours de restauration.

Château de Pont-l'Abbé, *photo A.O.C.P.*

Au visiteur, la ville offre un charmant chemin de pronenade sur le halage qui longe la rivière.

Au bois Saint-Laurent, se dresse le monument dédié aux Bigoudens, sculpté par M. Bazin en 1931. Tout à côté, l'église Notre-Dame des Carmes, ancienne chapelle d'un couvent des Carmes fondé en 1383, dresse son imposante silhouette avec son clocher ajouté en 1603.
Le château, bâti aux 14e et 18e siècles, ancienne demeure des puissants barons du Pont, abrite aujourd'hui l'Hôtel de Ville.

Le château de Kernuz, en partie du 16e siècle, formait jadis une juveignerie de la baronnie de Pont l'Abbé. L'enceinte conserve encore un corps de garde du 15e siècle.

En bordure de la départementale n°2 avant l'entrée de Loctudy, le château de Kerazan est mentionné pour la première fois en 1426. Du manoir fortifié du Moyen Âge, Kerazan s'est transformé en une résidence ouverte sur l'intérieur. Aujourd'hui en partie tranformé en musée, le manoir renferme des tableaux de peintres locaux ainsi que des objets en faïence.

Office de tourisme de Pont-l'Abbé

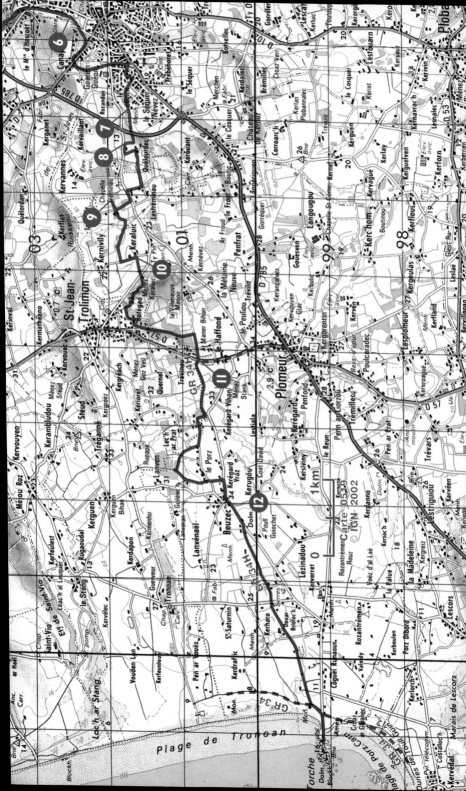

7 Descendre à droite, franchir un ruisseau, laisser à gauche un dépôt agricole. A droite, par un sentier herbeux ombragé, passer sous la voie express en empruntant un bovidrome. Un chemin creux à droite mène à la route de Saint-Jean-Trolimon.

8 Quelques pas plus loin, se diriger à gauche en direction de Quélourdec, puis à droite par un chemin creux jusqu'à Lestréminou. Par la route, à droite parvenir à la chapelle de Tréminou.

9 Par la route de Saint-Jean-Trolimon, filer vers l'ouest. Bifurquer à droite dans le premier chemin empierré. Au Stang, suivre une sente à l'arrière de la ferme. Elle se prolonge par un chemin creux suivi à droite d'un chemin empierré. Virer à gauche sur la route.

10 A Keraluic (*chambre d'hôte*), bifurquer à droite dans un chemin herbeux. A la route de Saint-Jean-Trolimon, effectuer quelques pas à droite puis virer à gauche pour parvenir par un chemin de terre jusqu'à la ferme de Botégao.

Hors GR® pour **Saint-Jean-Trolimon** : `500 m` `10 mn`

A *Saint-Jean-Trolimon* :

Traverser la cour, emprunter en face "le chemin des amoureux". Arriver au dessous d'une maison, suivre à gauche dans un chemin creux. Au croisement, utiliser le chemin d'exploitation. A la jonction des PR®, virer à droite, couper la D 57.

Hors GR® pour **Plomeur** : `1,4 km` `25 mn`

A *Plomeur* :

11 S'engager en face, dans un chemin empierré prolongé par un chemin creux. A la route, prendre à droite, puis se diriger vers l'ouest jusqu'à une ancienne ferme. Bifurquer à droite dans un chemin herbeux. Plus loin, virer à droite et aussitôt à gauche en laissant un petit bois de pins à main droite. Par un chemin de terre à l'arrière d'un camping, puis la route en face, passer devant une stèle christianisée et parvenir à la chapelle de Beuzec.

12 Marcher 400 m sur la route de la Torche, puis bifurquer dans un chemin à droite. Filer tout droit jusqu'à la plage à 3 km, au milieu des champs de tulipes. A gauche, passer entre deux fours utilisés pour le brûlage du goémon pour rejoindre la **pointe de la Torche**.

Pointe de la Torche, *photo A.L.B.*

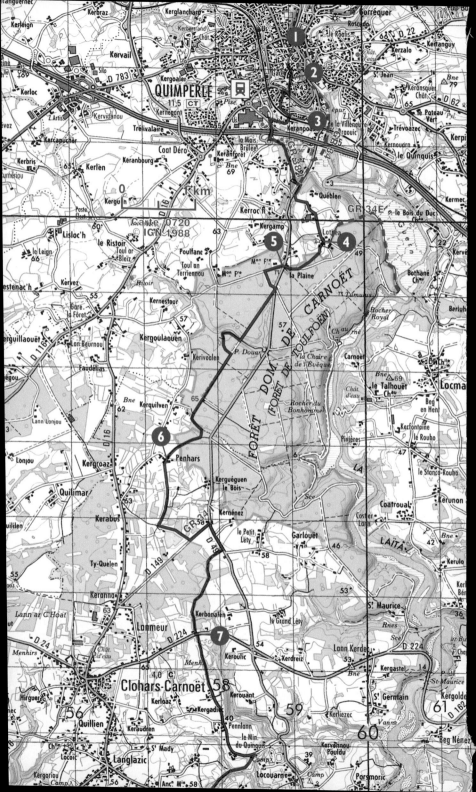

Le sentier GR® 341
De Quimperlé à Kerfany-les-Pins

De **Quimperlé** à **Croaz ar Gall**

19 km | 4 h 45

A Quimperlé : 🏛 🛏 🏕 ☕ 🛒 🍴 🚌 🚆 ℹ️

A Croaz ar Gall : 🛏 🍴

1 Dans **Quimperlé**, prendre en direction de la rue Aristide-Briand, monter la rue Pasteur, traverser le parc (*vue sur la l'abbaye Blanche, la Laïta et la ville basse*). Descendre l'escalier du Bel Air, tourner à droite rue Alfred-de-Musset, traverser le passage protégé du boulevard de la Laïta, descendre de nouveaux escaliers.

2 Par le passage protégé, traverser le boulevard de la Gare. Continuer par le sentier sur le terre-plein, descendre sur le Dourdu, franchir la passerelle, puis virer à droite dans l'impasse du Mitan, bifurquer à gauche et remonter la rue de Kerampois.

3 Passer sous la voie ferrée, traverser la zone industrielle, aller à gauche vers Croas Chuz. Au rond-point, emprunter le sentier longeant la station d'épuration, traverser Kerez, descendre sur la D 49. Couper la route, monter vers les villages de Queblen et Lothéa.

4 Après le centre équestre, prendre à droite l'allée forestière jusqu'à l'entrée du centre hippique, puis à gauche. Virer à droite dans l'allée de Lothéa. Bifurquer à gauche dans l'allée forestière de Saint-Maurice. Tourner à gauche, emprunter le parcours sportif.

5 A la Colonne, couper la route, puis à gauche s'engager dans l'allée forestière de Guernigui. Traverser le Frout, aussitôt à droite, pénétrer dans une sente forestière, avant de retrouver l'allée principale que l'on suit à droite jusqu'à son extrémité.

6 Passer Penhars, puis légèrement à gauche, continuer jusqu'à Tromaro, puis la D 149 que l'on suit à gauche jusqu'à l'intersection. Bifurquer à droite sur la D 49. 400 m plus loin, virer à droite en limite d'un champ suivi d'un chemin encaissé (*chemin du Roi*). Atteindre la D 224.

7 Couper la départementale, continuer dans le chemin en face. Après Kerantroadec, se diriger vers le Quinquis. 100 m avant les ruines du moulin, descendre à droite en sous-bois, longer un petit ruisseau. 50 m avant Kernous, bifurquer à droite dans un chemin creux (PR®) pour atteindre la D 24.

8 Couper la D 24, virer à droite et marcher à gauche de la chaussée. Continuer 50 m après le rond-point. (*100 m à droite, le moulin à vent rénové de Kercousquet, visites possibles sur réservation*). Virer à gauche en direction de Kercousquet village. Par un chemin de terre, parvenir à une route que l'on suit à droite. A l'entrée de Kernoal, bifurquer dans un bon chemin creux à droite.

Hors GR® pour **Clohars-Carnoët** : `1,4 km` `25 mn`

A *Clohars-Carnoët* : 🏨 ☕ 🛒 ✕ 🚌

9 Avant la route de Langlazic, descendre un autre chemin creux à gauche. A la croisée des chemins, aller à droite le long d'un champ. Arriver à **Croaz ar Gall**.

De **Croaz ar Gall** à **Doëlan**   `3 km` `45mn`

A *Doëlan rive gauche* : ☕ ✕

A **Croaz ar Gall**, poursuivre vers Quéon, traverser le village pour trouver un chemin de terre entre deux parcelles labourées.

10 Passer Kerrine (*ne pas pénétrer dans la cour*). A la route de Doëlan, descendre à gauche (*marcher à gauche de la chaussée*). Avant la ria, monter à droite la voie sans issue. Effectuer le tour de cette ria pour déboucher sur une route avant le pont de **Doëlan**.

De **Doëlan** à **Kergroez**   `18 km` `4 h 30`

A *Kergroez* : ☕ 🛒

11 A **Doëlan**, couper la route, descendre en face le long de la ria, 100 m plus loin grimper à droite. A la rue de la rive droite, monter à droite passer devant le fronton de la chapelle, trouver un chemin creux descendant. 100 m plus loin, virer à gauche (*balises VTT, jaune*). Traverser Kerviglouz, poursuivre sur la route à droite.

12 Face à la route de Stanc-Vraz, bifurquer à gauche dans un chemin vert au milieu de champs. Poursuivre par la route à gauche, passer Kerchiminer puis Kermoulin. Prendre à droite la rue Saint-Cado (*voir à droite, la chapelle du même nom*).

13 Après celle-ci, virer dans la route de droite. A Pen Leur, continuer dans un chemin de terre à gauche suivi, à droite, d'une route. A Kergostiou, s'engager à gauche dans une petite route prolongée par un chemin vert. Traverser le village typique de de Penanprat. Couper la route, prendre en face puis, descendre à gauche un chemin creux.

14 Franchir la ria de Moulin l'Abbé pour grimper aussitôt à droite en sous-bois. Au carrefour des allées, aller à gauche, 100 m plus loin, virer à droite. Passer la fontaine et le lavoir de Plaçamen. Laisser la passerelle à main droite, descendre en face. Monter et rester en permanence dans les allées de droite qui bordent le bois en limite des champs cultivés. Parvenir ainsi à une route (*100 m en contrebas de la route, vue dégagée sur la ria de Merrien au lieu-dit "le phare"*).

15 Monter la route à droite, au four à pain, virer à gauche, puis à droite en limite d'un champ. Par un chemin creux pervenir à la ria de Poulguen. Bifurquer à droite et aussitôt, toujours à droite, grimper les marches.

16 Bifurquer à gauche et suivre une petite route. 100 m après un virage serré à droite (*maison blanche*), descendre par un chemin creux jusqu'à la ria de Brigneau que l'on contourne par la droite. Franchir le pont à gauche.

17 Aussitôt à droite, prendre la route de Kerjégu, puis le chemin en sous-bois. Pousuivre sur la route à droite vers Trélazec. Longer à gauche une clôture en fibrociment, un peu plus loin, continuer dans un chemin vert à travers champs (*en chemin à droite ruines d'un moulin à vent*). Traverser Kerglanou par la droite (*chambre d'hôte*). Passer la chapelle Saint-Pierre.

18 Après la fontaine et les lavoirs de Kergolaër, virer à gauche, pour cheminer dans un chemin empierré parallèle à la côte. Au parking de Trénez, monter la route jusqu'à la sortie du premier virage et bifurquer dans une sente à gauche. Au carrefour, se diriger vers Kersolff.

19 Au numéro 3 du hameau, prendre à gauche un chemin vert. A Kerliviou, virer deux fois à gauche. Par un petit chemin ombragé parvenir à Kerhuel que l'on traverse par la droite. Monter la route à gauche en direction de Kerroc'h.

20 A la patte d'oie, trouver un chemin creux à gauche, suivi à droite d'un chemin vert (*hors GR® à 200 m par la route chambre d'hôte de Kerduel*). Laisser la route et pousuivre dans le chemin vert à droite au milieu des champs, pour parvenir à **Kergroez**.

De **Kergroez** à **Blorimond**   `2 km` `30 mn`

A Blorimond : 🏠 ☕ 🍴

21 Traverser le hameau de **Kergroez** par la droite. Continuer à gauche par la rue de la Vallée, puis de nouveau à gauche dans un chemin ombragé pour déboucher à **Blorimond**.

De **Blorimond** à **Kerfany-les-Pins**   `2 km` `30 mn`

A Kerfany-les-Pins : 🏕 ☕ 🍴

A **Blorimond**, poursuivre par la rue de la Plaine puis un chemin vert.

22 Au bout du chemin, plonger à gauche dans un chemin creux, pour rejoindre la chapelle Saint-Guinal. Continuer au bas du placître à droite. Passer à gauche de la fontaine et du lavoir pour parvenir à **Kerfany-les-Pins**.

▶ Jonction avec le GR® 34 voir page 81.

Baie
de Kergan
Carte 0519
© IGN 2002
1 km

Le sentier GR® 38A
De Quimper au Moulin Mer

De **Quimper** à l'étang de **Corroac'h** `14 km` `3 h 30`

A Quimper : 🏛 🛏 🏕 🛒 🍴 ☕ ℹ 🚌 🚉

1 De la place de la cathédrale de **Quimper**, descendre jusqu'à l'Odet, prendre à gauche, le boulevard Kerguélen. Couper le boulevard pour s'engager sur la passerelle Max Jacob *(au passage lire quelques vers gravés sur les rembardes)*. Se diriger à gauche, franchir le boulevard Dupleix, puis traverser le jardin du Théâtre Max Jacob.

2 Poursuivre à droite par la rue Couchouren, puis à gauche par la rue Le Hars, en face, passer sous la voûte et traverser sur toute sa longueur le Mont Frugy.

3 Aux feux tricolores, couper la route de Bénodet, atteindre en face la place du Styvel, suivre à gauche la rue Bousquet, arriver sur la place Bérardier.

A gauche, l'église Notre-Dame de Locmaria. La nef date du 11e siècle et le choeur du 12e. A l'origine monastère, l'édifice devint à cette époque prieuré bénédictin de l'abbaye Saint-Sulpice de Rennes.
Au 17e siècle est construit le prieuré actuel, habité par les religieuses jusqu'à la Révolution, puis transformé en caserne. Enfin, au 19e siècle, l'église est devenue paroissiale. A l'intérieur, une statue en bois polychrome de Notre-Dame de Locmaria a servi de modèle pour la statuette créée par les faïenceries de Quimper.

4 Continuer par la rue du Commandant-Avril.
Aux heures d'ouverture, il est plus agréable de passer par le jardin médiéval planté d'herbes aromatiques, dans l'esprit des jardins des monastères à l'époque d'Anne de Bretagne.
Longer l'Odet jusqu'au pont de Poulguinan que l'on franchit en restant sur le trottoir de gauche.

5 Descendre à gauche et suivre le chemin de halage jusqu'à la rue Yves-Le-Hénaff. Emprunter le passage souterrain, pour traverser la rue de Pont-l'Abbé. Sur la gauche, une allée piétonne mène au ruisseau du Merdy, que l'on longe en laissant à gauche les jardins ouvriers. A droite, entre deux immeubles, accéder au bois de Kermoysan.

6 A gauche, franchir la passerelle piétonne, descendre la rue de Kerjestin. Le chemin de la Cascade aboutit au ruisseau de Keriner. Continuer en marchant sur un talus, virer à gauche dans la route de Stang Rohan. Couper la D 40, par un sentier, rejoindre le hameau de Quelennec Creis.

7 Presque en face, emprunter la voie de desserte de la zone d'activité sur 2,5 km pour atteindre la pont de Ti Lipic.

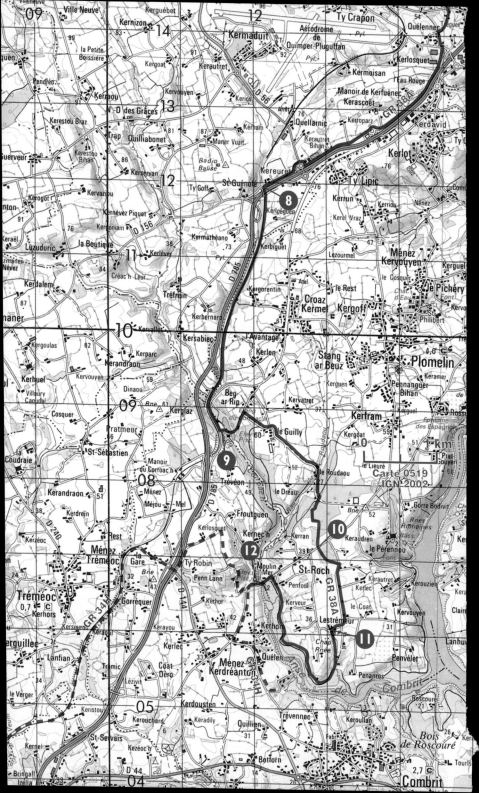

8 Franchir la route de Pont-l'Abbé pour trouver l'ancienne voie ferrée Quimper-Pont-l'Abbé (*appelée familièrement le Transbigouden*), que l'on emprunte sur 2,5 km jusqu'à l'étang et la pisciculture de Corroac'h.

▶ En poursuivant sur la voie ferrée, possibilité de trouver le GR® 34H qui mène à Pont-l'Abbé à 8 km. A Pont-l'Abbé, hébergements (*hôtels et chambres d'hôte*).

De l'étang de Corroac'h au Moulin Mer   `7,5 km` `1 h 50`

9 Le GR® 38A franchit le barrage, monte 400 m. Avant la route, à droite, prendre le chemin de Ar Guili, puis la route de droite qui se prolonge par un chemin empierré. Passer le Gué du Roudaou. Après Ti Pin, cheminer à travers bois.

10 Au niveau de la chapelle Saint-Roc'h (*la chapelle se trouve à droite*), traverser la route des Châteaux. Continuer dans la forêt communale (*parcours botanique*). Par la route communale, rejoindre le manoir de Lestrémeur (*aire de pique-nique*).

Les seuls témoins restants du manoir originel sont : un double portail gothique à entrée piétonne et cavalière, entouré de meurtrières et une tour percée de fenêtres à meneaux. Le manoir à appartenu à la marquise de Sévigné, mais elle n'y jamais séjourné. Le colombier, symbole des privilèges du système féodal est réservé aux nobles et sert à garnir la table seigneuriale. Celui de Lestrémeur contient 999 alvéoles. Il est surmonté d'un toit en gradins et coiffé d'un lanternon. L'écusson au-dessus de la porte est frappé aux armes des Sévigné. On aperçoit également une fontaine, un lavoir, un ancien vivier à poissons ainsi qu'un séchoir-four à pain.

11 Par une sente, descendre le long d'un ruisseau jusqu'au sentier bordant l'anse de Combrit. Bifurquer à droite, longer l'anse (*en chemin à droite, à quelques mètres du sentier se trouve la fontaine de Kerguinou*). Continuer sur le sentier pour atteindre la route des châteaux, puis à gauche, le pont de Moulin Mer.

12 100 m plus loin, parvenir à la jonction avec le GR® 34H "Tour du Pays bigouden sud", qui se dirige, à droite, vers Pont-l'Abbé et tout droit vers Combrit, décrit page 143 et suivantes.

L'Odet vu du pont de Cornouaille, *photo A.L.B.*

Le chant en Bretagne est omniprésent. C'est en chantant que l'on se rend aux champs, que les sardinières travaillent, que se passaient les veillées, que l'on fête les évènements liés aux grands travaux. Les textes chantés peuvent être soit des *gwerziou* soit des *soniou*. Les *gwerziou* sont des récits épiques qui rapportent des évènements comme la vie des saints, des faits d'actualité (les crimes, les épidémies etc.) ou des faits exceptionnels. Le plus souvent, les auteurs restaient anonymes et les textes vendus sur des feuilles volantes à l'occasion des foires ou des pardons et bien avant que les médias soient développés. Les *soniou* sont destinés à faire danser. Dans les Monts d'Arrée, où les habitants étaient trop pauvres pour s'acheter

de groupe qui confirment l'appartenance de l'individu à la collectivité. Qu'ils soient riches ou pauvres, jeunes ou vieux, ils se donnent la main dans la chaîne ou la ronde. Très souvent le danseur de tête donne le rythme. *La gavotte des Montagnes, la dans plinn, la dans fisel* sont des danses de Haute Cornouaille, pratiquées dans les Monts d'Arrée. Elles comportent trois temps, le *Tamm Kreiz*, plus lent, permettant aux danseurs de reprendre leur souffle entre deux temps forts. La danse tient l'homme debout. Des variantes locales peuvent exister, notamment *la gavotte de Brasparts* qui commence toujours du pied droit. La danse par couple n'était pratiquée qu'en concours. Aujourd'hui, d'autres danses sont venues s'ajouter à celles

1553. - BRETAGNE. - Pays de Cornouailles. - La Gavotte d'honneur (1re figure)

Collection privée Raymond Chevalier

des binious et des bombardes, les *soniou* sont interprétés en duo et que l'on nomme le *Kan Ha Diskan* (chant et déchant). Ce type de chant est assez particulier et exerce auprès des danseurs un effet d'excitation. Les sœurs Goadec et les frères Morvan, entre autres, ont montré que le chant traditionnel avait droit de cité aujourd'hui dans les festou noz à coté d'une musique bretonne plus instrumentale. Les bretons ont la danse dans le sang. Les danses bretonnes sont des danses

du terroir local. *Les piler lann, en dro, hanter dro, laridé (6 et 8 temps), la gavotte d'honneur, la gavotte du Cap, l'avant-deux du Trégor, la dans Léon, le Kost ar hoat, le Kas a Barh* apportent une variété et une diversité qu'il faut découvrir dans les festou noz. La musique, le chant, la danse présentent une vraie valeur culturelle dans la vie de tous les jours. Sa vitalité est rassurante pour l'avenir.

Raymond Chevalier

LEXIQUE BRETON-FRANÇAIS

AN, AR : le, la, les

AOD : côte, rivage, grève

AVEL : vent

BALANEG : genêtaie

BEZHIN, BIZIN, VIZIN : goémon

BIHAN, (VIHAN) : petit, petite

BOD : buisson

BRAZ : grand

BRUG : bruyère

CARN : tas de pierres, cairn

C'HARO : cerf

C'HLEUZ : talus

COAT, KOAD : bois

COZ : vieux

CREAC'H : montée

DIBENN : décapité

DOL : table

DON, DOUN : profond

DOUR : eau

DRENEG : épinaie

DU : noir

ENEZ : île

FANK : boue

FOENNEG : pré de fauche

FEUNTEUN : fontaine

FORN : four

GALL : français

GLAZ (GLAS) : vert, bleu

GORZ : roselière

GOZH (KOZH) : vieux, vieille

GOULIT : partie inférieure

GORRE : partie supérieure

GWERN, VERN : aulne

GWAZH : ruisseau

GWENN (GUEN) : blanc

HALEG : saule

HANVEG : les estives

HIR : long

HUEL, HUELLA : haut, d'en haut

IZELLA : d'en bas

KER (QUER) : village, hameau

KLEGUER : chaos

KROAZ (GROAZ) : croix

LAER : voleur

LEDAN : large

LEUR : sol, aire

LEZ, MANER : résidence seigneuriale

LOC : ermitage de

LOST : queue, extrémité

MANAC'H : moine

MARC'H : cheval

MEN, MEIEN (VEN) : pierre

MENEZ : montagne

MENGLEUZ : carrière

MEUR, VEUR : grand, important

MILIN, MEILH : moulin

MIRDI : musée

MOR : mer

NEIZH : nid

NEVEZ : neuf, nouveau

PENN (PEN) : tête, bout, extrémité

PLO (PLOU) : paroisse initiale

PARK : champ

PORZ (PORS) : port, porche

POULL : trou d'eau, mare

PRI : argile

PRAD, PRADENN : pré

REUN : montée, colline

RIBL : rive, rivage, côte

ROC'H : rocher

ROZ (ROS) : tertre

RUN : colline, éminence

SANT : saint

SKIRIOU : éclats de bois

STREAT : rue

TEVENN : dune, falaise

TI (TY) : maison

TOUL : trou

TRAON : fond, vallée

TRE : trêve, subdivision de paroisse

TREZ : sable, grève, plage

VRAN : corbeau

Index des noms de lieux

1ère édition : février 2006
© Fédération française de la randonnée pédestre 2006
ISBN 2-7514-0034-5 © IGN 2006
Dépôt légal : février 2006
Compogravure et impression : Cloître imprimeurs, 29800 Saint-Thonan